Helga Gürtler

Mit dem zweiten Kind
wird alles anders

Wenn Kinder teilen lernen müssen
Wie Eltern die Konkurrenz unter Geschwistern
spielend meistern können

SÜDWEST

Inhalt

Vorwort   4

Große Familien, kleine Familien   6

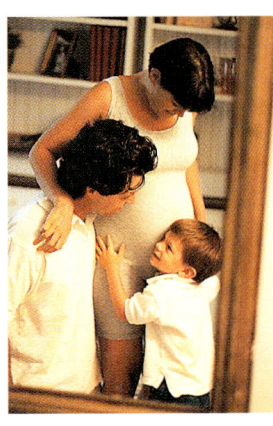

Abschied von der Idealfamilie   6

Ob man nun der Große oder der Kleine ist – jeder Platz in der Geschwisterreihe hat seine Vor- und Nachteile.

Kinder brauchen männliche und weibliche Leitbilder   7

Nicht alles so verbissen sehen   8

Für Kinder ist nur das Heute wichtig   11

Braucht man überhaupt Geschwister?   11

Einzelkinder bekommen oft zuviel Aufmerksamkeit   13

Vielleicht sollten wir noch ein Kind bekommen   15

Kinder kitten keine Beziehung   17

Mit Kindern über die Familienplanung reden   18

Kann man denn mit Kindern über Sex reden?   19

Vergeblicher Kinderwunsch   20

Notwendige Aufklärung   21

Patchworkfamilien – bunter geht es nicht   22

Neue Partner verändern manches   24

Familienkonstellationen   28

Ein Jahr Abstand   28

Mehrjähriger Abstand   29

Zwei auf einmal   29

Wenn Kinder plötzlich »groß« werden   35

Was bedeutet es denn eigentlich, Ältestes zu sein?   35

Die Entthronung des Kronprinzen   39

Beim zweiten Kind ist vieles anders   41

Geschwisterliebe läßt sich nicht verordnen   43

Von der Last, Mittleres zu sein   46

Spannung und Freude – ein Geschwisterchen wird erwartet.

Braucht das Kind ein eigenes Zimmer? 51

Kleine Kinder sind gesellige Wesen 51

Was sich liebt, das haut sich 71

Womit machen Sie sich Luft, wenn Sie in Wut geraten sind 72

Eltern als Schlichter und Richter? 74

Eifersucht – die Schattenseite im Familienalltag.

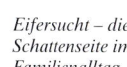

Geschwister – manchmal ein unschlagbares Team.

Kinder brauchen Spielzeug 54

Spielzeug nach Kindergeschmack 56
Vati, spielst du mit? 58

Mein und dein – wem gehört was? 61

Kann es auch gemeinsamen Besitz geben? 61

Streit gehört dazu, Versöhnung auch 64

Es geht nicht immer, wie man möchte 64
Streit ist manchmal unvermeidbar 67

Gleich liebhaben heißt nicht gleich behandeln 78

Bekennen Sie sich zur kreativen Ungleichheit 80
Nimm dir mal ein Beispiel an deiner Schwester 81

Das schwarze Schaf in der Familie 86

Urlaub mit Kind und Kegel 90

Über dieses Buch 95
Register 96

Das Baby ist da – eine neue Situation und neue Aufgaben für Eltern und Geschwister.

Vorwort

Ob in der Mitte, am Anfang oder am Ende der Geschwisterreihe, ganz ohne Konflikte geht es nicht, nicht einmal dann, wenn gar keine Geschwister da sind.

Dieses Buch ist geschrieben für Eltern, die mehrere Kinder haben. Und für Eltern, die noch überlegen, ob und wann sie weitere Kinder haben möchten und was da wohl so alles auf sie zukommt.

Wenn man mehrere Kinder hat, ist manches besser, manches schlechter, einiges einfacher, anderes schwieriger, jedenfalls vieles anders als mit nur einem Kind.

Es ist noch wichtiger, daß man sich nicht mit unerreichbaren Idealen überfordert, nicht alles so verbissen sieht. Deshalb beginnt das Buch mit diesen Themen.

Im ersten Kapitel geht es um die Zusammensetzung der Familie. Groß oder klein? Einfarbig oder gemustert? Es beschäftigt sich auch mit den Fragen derer, die ihre Familie nicht ganz neu gründen, sondern zwei »Restfamilien« zusammenlegen wollen, gemustert eben.

Was kommt auf mich zu, wenn ich Stiefvater oder Stiefmutter werde? Sind diese Bezeichnungen überhaupt noch aktuell, oder denken wir da nur noch an die bösen Gestalten im Märchen?

Alltag mit Kindern

Im nächsten Kapitel geht es um Konstellationen.

Um großen Altersabstand und kleinen, auch um gar keinen – bei Zwillingen – was es bedeutet, Ältestes, Jüngstes, Mittelstes zu sein.

Jedes Älteste erlebt zwangsläufig seine Entthronung als Mittelpunkt der Familie. Ohne sein Zutun wird es plötzlich vom Kleinen zum Großen. Für Kind und Eltern ist das manchmal nicht leicht.

Vom Alltag mit Kindern – von Kinderzimmer und Spielzeug, von mein und dein – mit Kindern und ohne Kinder, und noch von einigem mehr handelt das nächste Kapitel.

Und im letzten steht dann, was viele beschäftigt, was alle kennen, worüber die meisten aber nicht so gern reden. Eltern, die oft nicht so können, wie sie eigentlich wollen, Geschwister, die sich ständig in den Haaren liegen, Eifersucht unter den Kindern und das ständige Bemühen der Eltern, allen gleichermaßen gerecht zu werden. Sollen und müssen sie eingreifen, wenn die Geschwister sich streiten? Wenn nein, warum nicht, wenn ja, wie?

Ich verspreche Ihnen nicht, Ihnen zu erklären, wie man aus einer normalen eine friedliche Familie macht. Ich behaupte, daß es ohne Streit gar nicht geht, daß man das Streiten aber lernen muß. Schließlich sollen dabei Probleme gelöst, aber möglichst keine Blessuren geschlagen werden, die das halbe Leben lang nicht verheilen. Und ein bißchen Humor sollte uns möglichst selbst dann noch erhalten bleiben, wenn im Kinderzimmer wieder mal das Chaos tobt. Eben nicht alles so verbissen sehen.

Mit dem zweiten Kind wird alles nicht nur ganz anders, sondern auch manches besser. Der Erziehungsdruck läßt nach, Eltern werden gelassener, und die Kinder regeln vieles untereinander und werden fähig, Kompromisse miteinander auszuhandeln.

Große Familien, kleine Familien

Abschied von der Idealfamilie

Was ist eine Familie? Vater, Mutter, verheiratet, ein Kind, manchmal auch mehrere – oder?
Sind Sie auch eine Familie, die Sie allein mit einem Kind leben, das seinen Vater nie kennengelernt hat? Oder Sie, aus einer gescheiterten Ehe? Selbstverständlich sind Sie eine Familie.

Was ist schon normal?

Familie, das sind Erwachsene, die mit Kindern zusammenleben, die Kinder großziehen. Wie viele Erwachsene, wie viele Kinder und wessen Kinder das von Geburt her sind, ist dabei nicht so wichtig. Aber wer über Familien schreibt, gerät immer noch leicht in dieses Klischee des »Normalen«. Wenn ich in meinen Texten nicht nur die Mütter ansprechen will, nicht nur den Müttern die Verantwortung für Haushalt und Erziehung aufladen möchte, dann rede ich also von Eltern, auch von Vätern.

Obwohl ich weiß, daß in vielen Familien gar kein Vater existiert. Aber was soll ich sonst tun? Und wenn ich die Darstellung nicht zu sehr verkomplizieren will, dann gehe ich davon aus, daß Geschwister bekommen bedeutet, daß ein Vater und eine Mutter, die vorher zusammen ein Kind hatten, nun noch eines oder mehrere dazu bekommen. Obwohl ich weiß, daß Kinder, die als Geschwister aufwachsen, längst nicht immer denselben

Familie ist noch immer die Vorstellung von mehreren Generationen friedlich unter einem Dach. Doch das war immer schon eher die Ausnahme als die Regel.

Vater, dieselbe Mutter haben. An einigen Stellen habe ich dem Rechnung getragen. Aber auch wo ich der Einfachheit halber vom »klassischen« Modell ausgehe, will ich damit kein Ideal verkünden. Eltern, vor allem Mütter, die anders leben, sollen nicht allein deshalb ein schlechtes Gewissen haben, weil sie ihrem Kind, ihren Kindern nicht den Vorzug einer »heilen« Familie bieten.

Kinder brauchen männliche und weibliche Leitbilder

Sicher, Elternpaare, die gemeinsam Kinder großziehen, haben es leichter. Mütter, die Kinder allein großziehen, die nach einer Trennung oder Scheidung allein mit den Kindern zurückbleiben, haben in der Regel recht schlechte Karten. Das betrifft ihre wirtschaftliche Situation, ihre Arbeitsbelastung, ihr soziales Ansehen, oder wenn etwas mit den Kindern nicht klappt. Aber das kann kein Grund dafür sein, in einer zerstörten, alle belastenden Partnerschaft auszuharren um der Kinder willen. Es ist zwar für Kinder schwer verkraftbar, wenn ein Elternteil die Familie verläßt, aber ständiger Streit ist es ebenfalls. Verantwortung für Kinder kann in diesem Fall nur heißen, ohne schlechtes Gewissen das kleinere Übel zu wählen.

Es ist für Kinder nicht schon grundsätzlich von Nachteil, ohne Vater aufzuwachsen. Sicher, sie brauchen weibliche und männliche Leitbilder, um an ihnen ihre eigenen Vorstellungen von ihrer Rolle als angehende Frau, angehender Mann zu entwickeln. Aber die Männer können auch Verwandte, gute Freunde, neue Partner sein, die sich den Kindern geduldig und verständnisvoll zuwenden. Orientieren Sie sich in Ihrem Alltag mit Kindern nicht an einem überzogenen Ideal, das Sie doch nie erreichen können.

Der Traum von einer »heilen« Familie erweist sich oft als hinderlich, wenn es darum geht, im Alltag mit dem zurechtzukommen, was von der Familie geblieben ist.

Ganz ohne Konflikte geht es nicht

Glauben Sie nicht, Sie müßten eine Familie sein, in der sich die Erwachsenen nie streiten, in der sich die Kinder immer nur liebhaben. Das gibt es nicht!
Versuchen Sie, aus Ihrer Realität das Beste zu machen. Es ist besser, sich mit Anstand zu streiten, als alle Probleme unter den Teppich zu kehren. Wie man das macht, dazu gibt es weiter hinten noch ein ganzes Kapitel. Suchen Sie sich gute Freunde, mit denen Sie ehrlich reden können. Dann werden Sie feststellen, daß es bei denen nicht anders ist. Das tröstet und schützt vor überzogenen Ansprüchen.
Und nehmen Sie alles, was den Alltag mit Kindern ausmacht, nicht gar so verbissen.

Nicht alles so verbissen sehen

Eltern tragen oft schwer an der Last ihrer Verantwortung. »Die Wurzeln liegen in der frühen Kindheit«, hören sie oft. Hat einer als Erwachsener Probleme, haben die Eltern in seiner Kindheit wahrscheinlich etwas falsch gemacht.
Und sie wollen doch so gern das Bestmögliche für ihr Kind tun! Diese Last macht es ihnen schwer, mal fünf gerade sein zu lassen, mal über die Tricks der Kinder oder die eigene Dummheit herzhaft zu lachen. Was soll denn daraus später mal werden?
Aber eines sei zunächst allen Eltern zum Trost gesagt: Kinder sind robuster, als wir manchmal denken. Die meisten entwickeln sich durchaus erfreulich, allen Elternfehlern zum Trotz. Einen Garantieschein für lupenreinen Nachwuchs kriegen allerdings auch die nicht, die vermeintlich alles »richtig« gemacht haben. Denn was wirklich richtig war oder gewesen wäre, das weiß man mit Sicherheit, wenn überhaupt, erst hinterher.

Es fällt Eltern meist schwer, die Untaten ihrer Kinder auf den gegenwärtigen Augenblick zu beziehen, weil ihnen die Zukunft des Kindes im Nacken sitzt. Aber keine Bange, wer jetzt mit den Fingern ißt, wird es später beim Vorstellungsgespräch gewiß nicht tun.

Lachen, gemeinsames Lachen wohlgemerkt, nicht Auslachen!, ist ein Zaubermittel. Es nimmt dem Erziehungsalltag die verletzenden Ecken und Kanten, es schafft menschliche Nähe, rüttelt aber auch an Podesten, auf die sich Eltern manchmal ganz gern zurückziehen. Denken Sie doch mal an Ihre eigene Kindheit. Sind da nicht auch im Kästchen »Schöne Erinnerungen« solche, in denen Vater oder Mutter lachend etwas durchgehen ließ, was eigentlich nicht in Ordnung war?

Ausnahmen müssen auch mal sein

Ich erinnere mich zum Beispiel daran, wie meine Mutter dazukam, als ich, »wasch dich aber noch!« hatte sie gesagt, mit dem feuchten Scheuerlappen die schlimmsten Schmutzränder von meinen Füßen abradierte. Zum Waschen hatte ich absolut keine Lust, und das Waschwasser war kalt! Meine Mutter hat gelacht und mich einfach so ins Bett gestopft. Und ich bin trotzdem ein einigermaßen reinlicher Mensch geworden.

Gemeinsames Lachen befreit und gibt Kindern das Gefühl, von den Eltern nicht dauernd durch die nachtschwarze Erziehungsbrille gesehen zu werden.

9

Gelacht hat auch mein Vater, als ich mal von einer zweifellos strafwürdigen Unternehmung mit einem Buch hinten in der Unterhose zurückkam. Meine Freundin hielt das für ein probates Mittel gegen möglicherweise zu erwartende Schläge. Aber weil mein Vater über uns zwei rückwärtig bewehrte Weiblein so lachen mußte, gab es überhaupt keine Strafe. Und ich bin trotzdem …
Sie wissen schon.
Fallen nicht auch Ihnen Beispiele ein, wo Ihre Kinder mit erheiternder Pfiffigkeit versucht haben, Sie zu leimen, auszutricksen, versöhnlich zu stimmen? Muß das denn gleich als gefährlicher Angriff auf die elterliche Autorität geahndet werden?

Das Kind in sich entdecken

Was sagen Sie, wenn Sie gerade dazukommen, wie Ihre schauspielerisch begabte Tochter zur Gaudi ihrer Geschwister Ihren letzten Wutanfall nachspielt? Können Sie nicht einfach mitlachen? Oder wenigstens ein bißchen selbstkritisch grinsen? Ich fürchte, sie hat Sie gut getroffen, und so toll waren Sie wirklich nicht. Ein Vater mit menschlichen Schwächen ist auf jeden Fall liebenswerter als ein unangreifbarer. Und Fehlerlosigkeit gibt's doch nur in Lehrbüchern.

Kennen Sie auch diese miesepetrigen Erwachsenen, die jeder kindlichen Ausgelassenheit mit ihrem »Wo kommen wir denn da hin«-Gesicht begegnen? Kriegen Sie da nicht manchmal Lust, nun gerade gemeinsam mit Ihrem Kind im Bollerwagen über den Rasen zu fahren, auf je einem Rollschuh den Bürgersteig unsicher zu machen oder sonst etwas zu treiben, was diese Gesichter vollends zum Erstarren bringt?
Warum tun Sie es dann nicht? Fürchten Sie, daß man Sie für unreif, kindisch, nicht erwachsen hält?

Wer sagt, daß man die eigene Kindlichkeit ablegen müßte, spätestens, wenn man selbst ein Kind bekommt? Sie sind diesem Kind ein besserer Gefährte, eine bessere Gefährtin, wenn Sie sich den Sinn fürs Komische, Alberne, Verspielte noch möglichst lange erhalten.

Für Kinder ist nur das Heute wichtig

Sicher, Lachen ist oft gegen die Ordnung, gegen die Ernsthaftigkeit, gegen das Prinzip. Und Prinzipien sind wichtig. Sie sollen sicherstellen, daß aus kleinen Chaoten lebenstüchtige Erwachsene werden. Aber dürfen wir uns und unseren Kindern den heutigen Tag verderben, weil wir immer nur ans Morgen und Übermorgen denken?

Die Kinder haben auch für die Zukunft eine bessere Basis, wenn sie sich heute bei uns und mit uns geliebt, verstanden und ringsherum wohl fühlen. Und sollte Ihnen Ihr Sohn eines Tages auf die resignierte Bemerkung: »Aus dir wird wohl nie ein zivilisierter Mensch werden!« antworten: »Nein, ich will lieber so werden wie du, Papi«, dann lachen Sie einfach!

Braucht man überhaupt Geschwister?

Solche und ähnliche Fragen sind ein sehr beliebtes Thema in Elterngruppen. Und es wird meistens sehr engagiert und lebhaft diskutiert. Wenn ich in solchen Debatten dann nachgefragt habe, wie denn die Eltern selbst aufgewachsen sind, dann habe ich immer wieder folgende Erfahrung gemacht: Eltern, die selbst mehrere Geschwister hatten, sangen oft das Loblied des Einzelkinddaseins.

Mütter oder Väter, die unbedingt mehrere Kinder wollten, weil sie es als Nachteil ansahen, Einzelkind zu sein, die waren oft selbst eines gewesen. So eindeutig kann das mit den Vor- und Nachteilen also nicht sein. Versuchen wir deshalb, das Ganze etwas systematischer zu betrachten: Eltern können einem einzelnen Kind mehr Aufmerksamkeit schenken als mehreren Kindern. Das kann ein Vorteil sein. Untersuchungen haben zum

Einzelkinder sind sozusagen der »geballten Ladung« elterlicher Pädagogik ausgesetzt. In Familien mit zwei Elternteilen verbringen sie ihre Kindheit fast ausschließlich mit Erwachsenen. Dadurch sind sie oft vernünftiger, redegewandter, angenehmer für Erwachsene. Aber ob das nur von Vorteil ist?

Beispiel ergeben, daß Einzelkinder im Schnitt sprach-
gewandter sind, oft bessere Schulleistungen haben,
häufiger als Geschwisterkinder das Abitur machen und
studieren.

Einzelkinder als Hoffnungsträger?

Das kann aber auch von Nachteil sein. Einzelkinder sind
die einzigen »Hoffnungsträger« ihrer Eltern, alles, was
sie gern erreichen möchten, vielleicht an eigenen, uner-
füllten Wünschen auf das Kind übertragen, konzentriert
sich eben auf dieses eine Kind. Das kann das Kind
erheblich überfordern oder in eine Richtung drängen, die
ihm nicht entspricht.

Einzelkinder bekommen oft mehr
Aufmerksamkeit, als ihnen gut
tut. Alle Wünsche, alle Träume
von Eltern und Großeltern
vereint so ein Prinz oder eine
Prinzessin in einer Person. Bei
mehreren Geschwistern verteilt
sich das erträglicher.

Einzelkinder bekommen oft zuviel Aufmerksamkeit

Eltern, die nur ein Kind haben, neigen auch manchmal dazu, alles, was dieses eine Kind sagt, tut, nicht oder falsch macht, zu wichtig zu nehmen. Kaum je hat es die Möglichkeit, unbeobachtet eine Dummheit zu machen, eine Suppe, die es sich eingebrockt hat, ohne Elternkommentare selbst auszulöffeln. Es kann dadurch unselbständig und selbstunsicher werden.

Umgekehrt kann es aber auch ein unrealistisch übertriebenes Selbstwertgefühl entwickeln, wenn die stolzen Eltern es unkritisch überschätzen und vor kritischen Zusammenstößen mit der Realität bewahren. Unter Geschwistern verteilt sich die elterliche Aufmerksamkeit immer auf mehrere. Das kann wiederum auch ein Nachteil sein. Viele Geschwisterkinder sagen später, zu gern hätten sie Vater oder Mutter mal für sich allein gehabt und zu oft hätten sie das Gefühl, um der anderen willen zurückstecken zu müssen.

Geschwistersolidarität

Von Vorteil aber kann es sein, wenn man elterlichen Maßnahmen durch Geschwistersolidarität entgehen oder doch wenigstens mit Bruder oder Schwester gemeinsam über diese »blöden« Erwachsenen schimpfen kann. Allerdings sind nicht alle Geschwisterbeziehungen positiv. Sie sind schließlich eine Zwangsgemeinschaft, und ungünstige Geschwisterpositionen können einen Menschen ein Leben lang prägen. »Ich habe ständig im Schatten meiner hübschen und erfolgreichen Schwester gestanden.« »Ewig mußte ich die Dummheiten ausbügeln, die mein kleiner Bruder gemacht hat« – wer kennt nicht solche »Lebensleitlinien« schon längst Erwachsener.

Man kann es keinem wirklich recht machen: Einzelkinder wünschen sich Geschwister, Geschwisterkinder wären liebend gerne Einzelkinder. Eines steht fest: Vor- und Nachteile halten sich die Waage.

Auf der anderen Seite ist das Grundthema manches Einzelkinddaseins das Gefühl, zu oft allein gewesen zu sein, nie wirklich verläßliche Kinder um sich gehabt zu haben. Denn Freunde kann man jederzeit wieder verlieren, um Freunde muß man sich ständig bemühen, Geschwister dagegen sind eben immer da. Einzelkinder sind durch den Verlust oder Verrat eines Freundes oft besonders tief verletzbar, noch dazu, weil sie in solchen Dingen oft wenig abgehärtet sind. Denn die Eltern bemühen sich im allgemeinen um Verläßlichkeit und Redlichkeit im Umgang mit ihrem Kind.

Sie sehen also, jede Besonderheit, die das Einzelkindsein oder Geschwisterhaben auszeichnet, kann – je nach besonderen Bedingungen – mal von Vorteil und mal von Nachteil sein. Und eben auf diese besonderen Bedingungen kommt es an.

Vor- und Nachteile akzeptieren

Sie sollten sich also nicht den Kopf darüber zergrübeln, ob Sie Ihrem ersten Kind zu seinem Wohle nun Geschwister schuldig sind oder nicht. Denn dabei spielen schließlich auch noch andere Gesichtspunkte eine Rolle, und das dürfen sie auch. Wenn Sie sich, aus welchen Gründen auch immer, für ein Einzelkind entscheiden, brauchen Sie deswegen kein schlechtes Gewissen zu haben. Eltern, die ihr Kind ständig bedauern, weil es keine Geschwister hat, die bringen es vielleicht erst dazu, darin einen Nachteil zu sehen.

Freuen Sie sich ohne Schuldgefühle über die Vorteile, die es mit sich bringt, nur ein Kind zu haben. Versuchen Sie die Nachteile, die es haben kann, bewußt auszugleichen, die Fehler, die Einzelkindeltern leicht machen, bewußt zu vermeiden. Wenn Sie aber gern mehrere Kinder haben möchten, dann sollten Sie sie auch kriegen, ohne

Wägen Sie Vor- und Nachteile gegeneinander ab, die Ihr Kind durch die Ankunft eines Geschwisterchens haben wird. Bedenken Sie aber: Sie sind die Eltern und tragen die Last, nicht Ihr Kind.

Manchmal haben Eltern unterschiedliche Kinderwünsche. Da möchte der stolze Vater noch einen Sohn, während die Mutter auch so schon alle Hände voll zu tun hat. Entscheiden sollte aber immer, wer die Hauptlast zu tragen hat, nämlich die Mutter.

sich den Kopf darüber zu zerbrechen, ob Ihr erstes ohne Geschwister nicht vielleicht doch glücklicher oder erfolgreicher geworden wäre.

Vielleicht sollten wir noch ein Kind bekommen

Wie viele Kinder möchten Sie gern haben – eins, zwei, drei, möglichst viele? Haben Sie Ihre Ansicht dazu geändert, seit Sie das erste haben? Hatten Sie es sich so anstrengend nicht vorgestellt? Manche jungen Eltern, die sich gerade mit viel Fürsorge und Engagement der Pflege und Erziehung ihres ersten Kindes widmen, kapitulieren vor der Aussicht, doppelt so viele Schlafstörungen verkraften zu müssen, doppelt so viele Löffelchen täglich in doppelt so viele Schnäbelchen zu stopfen. Sie nehmen die Zeit, die sie täglich ihrem Kind widmen, mal zwei und stellen fest: Das können wir einfach nicht schaffen. Aber da kann ich Sie trösten. Zwei Kinder machen nicht doppelt so viel Mühe wie eines.

Das zweite Kind – die halbe Mühe?

Erstens wird manches Routine, was Sie jetzt noch mit viel Anstrengung und Aufwand betreiben. Das übt sich mit der Zeit. Zweitens muß einiges gar nicht so perfekt sein, wie Sie es jetzt noch handhaben. Zu Zeiten, da Windeln noch täglich gekocht und getrocknet werden mußten, drückte man das so aus: Das erste Kind war ein Plättkind. Alle Windeln wurden nach dem Waschen einzeln geplättet. Das zweite Kind war ein Rollkind. Die Windeln wurden zu mehreren übereinander mit der Rolle geglättet.

Das dritte war ein Ziehkind. Die Windeln wurden nur noch ein bißchen zurechtgezogen. Auch die dritten wurden groß, ohne Wesentliches zu entbehren. Und daß die Eltern schon beim zweiten manches übersehen, was beim ersten noch ungebrochenen pädagogischen Eifer auslöste, bekommt dem zweiten oft gar nicht so schlecht.

Wer trägt die Hauptlast?

Drittens ist so manches »ein Abwasch«. Ob in der Nacht ein Kind oder zwei unter Ihre Bettdecke gekrochen kommen, macht den Kohl auch nicht mehr fett.

Wenn Sie mit zweien auf den Spielplatz ziehen, für zwei Wäsche kaufen oder Geschichten vorlesen, der Aufwand ist kaum größer. Wichtiger ist die Frage: Wollen Sie wirklich ein weiteres Kind? Wer will es? Beide Eltern? Sie, die Mutter, oder nur Sie, der Vater? Hier muß ich aus meiner Sicht sehr einseitig Stellung beziehen:

Während das erste Kind noch Eltern hat, die täglich üben, geht das zweite schon mit Eltern um, die es zu einer gewissen Routine in der Erziehung gebracht haben.

Am Wochenende sind die Kinder oft wie ausgewechselt. Der Vater ist anwesend, froh gelaunt, und kein Termin stört die Familienidylle. Kaum zu glauben, daß während der Woche so manches Problem den Alltag weniger fröhlich erscheinen läßt.

So lange die Hauptlast nicht nur des Kinderkriegens, sondern auch der Pflege und Erziehung der Kinder so einseitig auf den Schultern der Mütter liegt, sollte allein die Mutter über die Geburt eines weiteren Kindes entscheiden.

Lassen Sie sich von niemandem überreden, ein Kind zu bekommen, auf das Sie sich nicht ehrlichen Herzens freuen können. Männer haben es leicht mit ihrer Kinderliebe, wenn sie die vorwiegend bei Ausflügen am Wochenende beweisen müssen.

Kinder kitten keine Beziehung

Geben Sie sich auch nicht der Hoffnung hin, ein Kind könne eine gestörte Beziehung kitten, einen Partner, den es fortzieht, festhalten. Zum einen klappt das meistens nicht. Jedes Neugeborene verursacht einiges Durcheinander in den Beziehungen der anderen, das schon bestehende Krisen eher verstärkt als abschwächt.

Wenn das kindliche Verständnis dazu ausreicht, sollte man Kinder unbedingt einweihen, wenn die Erweiterung der Familie zur Debatte steht. Denn schließlich sind es die Geschwister, die mit den Veränderungen klarkommen müssen.

Vor allem aber: Es ist eine schwere Hypothek für ein Kind, unter einer solchen Bedingung aufzuwachsen, ist es doch quasi verpflichtet, seinen Eltern unentwegt nur Freude zu machen. Denn jede Unart, jede besondere Mühe, die es verursacht, gefährdet das seelische Gleichgewicht seiner Eltern. Das gleiche gilt, wenn Sie sich ein weiteres Kind wünschen, weil Sie nach dem ersten nun unbedingt noch einen Jungen oder ein Mädchen möchten, weil das zweite Sie für irgend etwas entschädigen soll, was beim ersten nicht so ganz nach Wunsch verlief, oder weil das erste dringend ein Geschwisterchen braucht. In allen diesen Fällen weisen Sie dem zweiten Kind eine bestimmte Funktion für Ihre Wünsche und Bedürfnisse zu.

Und was wird, wenn es dem nicht entsprechen kann? Ich wünsche jedem Kind, daß es von seinen Eltern ohne jede Bedingung freudig erwartet werden kann, egal ob es nun Junge oder Mädchen, still oder lebhaft, pflegeleicht oder anstrengend sein wird.

Mit Kindern über die Familienplanung reden

Die meisten Kinder melden irgendwann ihre Wünsche und Vorstellungen zur weiteren Familienplanung an. Aber Eltern finden es oft schwierig, darüber mit ihnen zu sprechen. Sarah ist sieben. Schon seit langem erklärt sie, sie möchte so gern noch einen Bruder oder eine Schwester haben. Seit ihre Freundin ein Brüderchen bekommen hat, ist die Frage wieder ganz akut. »Mutti, warum kriegst du denn kein Baby?« Aber Sarahs Mutter weicht bei diesem Thema immer aus.

Die Schwierigkeit ist nicht, mit Sarah über das Kinderkriegen zu reden. Danach hat sie schon mit drei das erste Mal gefragt und so nach und nach alles erfahren,

was sie wissen wollte. Die Erzieherin hat das Thema
auch im Kindergarten besprochen, als da immer mehr
Wörter aus dem sexuellen Bereich auftauchten, ohne daß
die Kinder recht wußten, was sie da redeten. Es gab
auch ein Bilderbuch dazu, aus dem Sarah sich gern
vorlesen ließ.
Sarah weiß also, was Vater und Mutter tun müssen,
damit sie ein Brüderchen oder Schwesterchen bekommt.
Und sie hat keine Hemmungen, sich nach diesen Voraus-
setzungen zu erkundigen: »Hast du mit Papa Liebe
gemacht? Wieso kriegt ihr dann kein Baby?«

Mit den Kindern über das eigene Intimleben zu reden,
ist viel schwieriger als die sachliche Aufklärung. Daß das
Ganze nicht nur der Familienplanung dient, sondern
auch noch großen Spaß macht und deshalb oft und gern
auch unabhängig vom Kinderwunsch betrieben wird, hat
Sarahs Mutter ihrer Tochter bisher unterschlagen.

Kann man denn mit Kindern über Sex reden?

Ja, warum eigentlich nicht? Das holt die Sexualität
gewissermaßen in die Familie, anstatt sie allein der Straße
zu überlassen. Ein Kind, das bei Sex an Vater und
Mutter denkt, die zu bestimmten Zeiten im Schlafzimmer
nicht gestört werden möchten, ist viel besser gefeit gegen
den schlüpfrigen und gewalttätigen Schund aus Kiosken
oder Videotheken. Wenn ein Kind aber weiß, daß Eltern
oft miteinander schlafen, ohne immer gleich ein Kind
haben zu wollen, dann versteht es auch, daß Elternschaft
bewußt geplant werden kann.
Viele Kinder wissen ja auch recht genau, wozu die Pillen
auf Mutters Nachttisch gut sind. Allerdings sollten sie
nicht zu der Ansicht kommen, Kinder zu verhindern sei

Wenn ein Geschwisterchen
unterwegs ist, bieten sich ideale
Aufklärungsbedingungen –
Mutters Bauch ist kompetenter als
jedes Bilderbuch. Kinder verstehen,
was sie verstehen wollen. Den Rest
erfragen sie später.

19

*Wenn Kinder Babys erleben,
wenn andere Kinder Geschwister
bekommen, erwacht in ihnen
der dringende Wunsch,
auch so etwas haben zu wollen.
Eltern sollten ihren Kindern
unumwunden sagen, wie sie zum
Kinderwunsch stehen.
Drumrumreden hilft dem Kind
nicht weiter.*

die Norm, Kinder zu kriegen, eine Panne. Deshalb sollten sie schon etwas über die Gründe erfahren, warum Mutter zur Zeit oder überhaupt kein Kind mehr haben möchte. »Was hast du denn gesagt, als du merktest, daß du mich kriegst?« Mit solchen Fragen loten Kinder aus, ob sie selbst wohl erwünscht waren. Und jedes Kind möchte das gern hören.

Vergeblicher Kinderwunsch

Aber kann man Kindern erzählen, daß man sich seit Monaten oder Jahren vergeblich um ein weiteres Kind bemüht? Ich denke, verstehen können sie das schon. Eine andere Frage ist, ob sie ihr Wissen für sich behalten können, anstatt es herumzuerzählen. Aber Sie müssen ja nicht in die Einzelheiten ärztlicher Diagnosen gehen. Sie können zu Bildern und Gleichnissen greifen, um zu erklären, warum nicht immer ein Samen eine Eizelle findet, mit der er sich vereinigen kann. Und daß manche Eltern eben lange vergeblich auf ein Kind warten müssen. Freilich sollte man ein Kind auch nicht, ohne daß es fragt, mit solchen Elternsorgen belasten. Sarahs Eltern hatten nach vielen Enttäuschungen und mehreren gesundheitlich riskanten Fehlgeburten beschlossen, kein weiteres Kind mehr zu bekommen. Wenn sie Sarah aber nichts darüber sagen, wird sie weiter Monat für Monat vergeblich hoffen oder ihren Eltern Eigennutz und Hartherzigkeit unterstellen.

Sicher wird Sarahs Mutter nicht mit ihrer Tochter darüber debattieren wollen, ob das Risiko einer weiteren Fehlgeburt noch hinnehmbar ist oder nicht. Entscheiden müssen die Eltern das allein. Aber eine Erklärung für ihre Entscheidung können sie geben, damit Sarah weiß, woran sie ist. Die Mutter kann ihr auch erzählen, wie traurig es jedesmal ist, wenn sich eine so dringende Hoffnung wieder nicht erfüllt.

Notwendige Aufklärung

Das ist der Teil der Aufklärung, der uns Eltern bleibt, während man das Biologische auch in der Schule erfährt oder überall in Zeitschriften und Büchern nachlesen kann. Wenn wir da mal eine Frage nicht richtig beantworten können, das ist nicht so schlimm. Wir müssen mit unseren Kindern über die Gefühle sprechen, die für uns mit der Sexualität, mit dem Kinderkriegen verbunden sind. Nur dadurch bekommen diese Themen einen Bezug auch zu ihrem eigenen Leben, wird das, was sie darüber erfahren, mehr als bloßes Kopfwissen, das man auch benutzen kann, um dumme Witze darüber zu machen. Je ernster wir Kinder nehmen, wenn wir solche Dinge mit ihnen besprechen, desto ernsthafter werden auch sie mit diesen Themen umgehen.

Viele Kinder, die sich vergeblich Geschwister wünschen, lassen sich ablenken, wenn sie die Möglichkeit bekommen, ein Baby hautnah – bei Freunden oder Verwandten – mitzuerleben. Sie stellen dann fest, daß ein Baby auch ganz schön Mühe macht.

Patchworkfamilien – bunter geht es nicht

Sehr viele Kinder werden heute nicht mehr in der Familie groß, in die sie hineingeboren wurden. Eltern trennen sich, finden neue Partner, Alleinerziehende binden sich. Die neu zusammengefügten Kinder sehen sich vor der Aufgabe, alte Beziehungen aufzugeben oder einzuschränken, neue aufzunehmen. Anhänglichkeiten, Eifersucht und Vorurteile müssen verarbeitet werden, wenn aus dem Ganzen eine neue Familie werden soll, in der die einzelnen sich zugehörig und geborgen fühlen.

Stiefmütter und Stiefväter

Früher nannte man neu in die Familie kommende Elternteile Stiefvater und Stiefmutter, und das war ein negativ besetzter Begriff. Im Märchen war die Stiefmutter eigentlich immer die Böse, die Fürsorgliches nur für ihre eigenen, mitgebrachten Kinder im Sinn hatte, höchstens noch für den neuen Ehemann, den sie aber seinen eigenen Kindern zu entfremden versuchte.

Auch reale Eltern in dieser Position sagen leicht: »Ich bin nur die Stiefmutter, nur der Stiefvater.« Bei noch so gutem Willen halten sie sich, dieses Negativbild im Kopf, eher für einen Notbehelf, eine zweite Besetzung, die die erste niemals ersetzen kann. Doch heute wird der »Stimme des Blutes« ein so großes Gewicht nicht mehr beigemessen. Sehr viele Menschen ziehen Kinder, die sie nicht selbst gezeugt oder geboren haben, liebevoll groß, ob sie sie nun adoptiert, in Pflege genommen oder mit einer neuen Beziehung übernommen haben. Und in der allgemeinen Bewertung sind die »richtigen«, die »eigentlichen«

Während heute kaum noch Märchen erzählt werden, hat die böse Stiefmutter in den Köpfen der Erwachsenen ihren Platz verteidigt. So wird manche Ersatzmutter schon zu Beginn ihrer Beziehung von Vorurteilen demotiviert.

Eltern eines Kindes eher die, die ihm den Po abwischen und die Brote schmieren, die sie trösten und ihre Fragen beantworten.

Die Zeiten haben sich geändert

Bessere Zeiten für Stiefeltern, die heute auch kaum noch so genannt werden. Trotzdem hat ein neuer Vater, eine neue Mutter bei kritischen und aufgeweckten Kindern oft keinen leichten Stand und braucht viel Fingerspitzengefühl, um die Situation zu meistern. Kinder, deren Eltern sich trennen, bleiben oft beiden liebevoll verbunden. Was die beiden entzweite, haben sie nicht so mitbekommen. Nur daß sie häufig miteinander stritten, woran sie sich oft mitschuldig fühlen. Der neue Vater, der nun nach einer Zeit des Getrenntlebens in die Familie kommt, setzt sich der Konkurrenz mit dem ersten aus. Und dieser erste ist womöglich inzwischen idealisiert worden. Weil er ganz verschwunden ist oder weil er als Sonntagsvater eine recht günstige Position hat. Und dieser neue? Ist er auch so stark, so klug, kann er auch so gut spielen oder erzählen wie der andere? Oft kann er es in den Augen der Kinder zunächst einmal nicht. Er begegnet Mißtrauen und Vorbehalten. Und das tut weh, wenn man voll besten Willens ist, ein guter Freund zu werden.

Zweitvater oder »richtiger« Vater?

Aber so ein Zweitvater ist gut beraten, wenn er die Vorbehalte der Kinder versteht und akzeptiert. Wenn er auch nicht versucht, den ersten Vater vom Sockel zu stoßen und in seinen Stärken zu übertreffen. Besser versucht er mit Eigenheiten, die seine Stärken sind und von den Kindern geschätzt werden, langsam deren Zuneigung zu gewinnen. Aber er sollte die Kinder nie nötigen, sich für einen von beiden als den besseren zu entscheiden.

Stiefväter haben seltsamerweise einen besseren Ruf als Stiefmütter. Trotzdem wird auch der Stiefvater zunächst recht häufig als Eindringling in feste Gewohnheiten und feste Beziehungen abgelehnt. Spielt er sich als dogmatischer Erzieher auf, anstatt mit der Rolle als Freund oder Partner zufrieden zu sein, wird ihm wenig Zuneigung zuteil werden.

Geduld sollte er haben

Es spricht für die Kinder, wenn sie nicht so schnell bereit sind, den Platz in ihrem Herzen neu zu besetzen. Ich will der Einfachheit halber in meinen Beispielen dabei bleiben, daß es der Vater ist, der neu in die Familie kommt. Es ist wohl auch der häufigere Fall. Für Mütter gilt aber das gleiche. Nur reagieren sie oft noch heftiger, weil sie eine engere Gefühlsbindung zu den Kindern suchen, weil Enttäuschung und Kränkung dann noch größer sind, wenn die Kinder das nicht gleich erwidern. Probleme macht vielen Zweitvätern auch kindliche Eifersucht um die Zuwendung der Mutter. Meistens waren Mutter und Kinder ja doch längere Zeit allein miteinander.

Vom Partner verdrängt

Je länger ein oder mehrere Kinder mit einem Elternteil allein gelebt haben, desto schwerer hat es ein Partner, seinen Platz in diesem festen Gefüge zu finden. Behutsamkeit und viel Geduld sind angezeigt.

Alleinerziehende Mütter sind gezwungen, ihre Kinder als verständige Partner zu behandeln, die so manches eigenverantwortlich erledigen, was die Mutter allein nicht schaffen kann.

Und da kommt nun dieser Fremde dazu. Die Mutter räumt ihm Rechte ein, die bis dahin nur sie oder früher der Vater hatte. Der Neue verdrängt sie vom ersten Platz an Mutters Seite, wird ihr Partner, degradiert die Kinder zu Partnern zweiter Ordnung. Und die Mutter verrät sie an diesen Menschen.

Erschrecken Sie nicht über diese radikalen Formulierungen, aber so sieht die Situation in den Augen der Kinder oft aus, insbesondere, wenn sie verärgert sind.

Neue Partner verändern manches

Ein neuer Partner bringt auch neue Eigenheiten mit, die den Stil des Zusammenlebens verändern. Weil er zum Beispiel nicht gern schwimmen geht, mag auch die Mut-

Da jeder Trennung eine Phase des Streits oder der inneren Abkehr vorausgeht, genießen Kinder oft die neue Harmonie, die vom neuen Partner der Mutter ausgeht. Dies vor allem, wenn er sich intensiv den Kindern zuwendet, ohne gleich alle Erziehungsgewalt an sich zu reißen.

ter neuerdings nicht mehr so oft mitkommen. Oder es wird auf einmal strenger darauf gesehen, daß alle zum Abendessen zu Hause sind.

Kinder werden solche Veränderungen eher akzeptieren, wenn sie dem, der sie verursacht, schon freundliche Gefühle entgegenbringen. Fallen Sie also bitte nicht mit der Tür ins Haus. Glauben Sie nicht, daß Sie gleich Ihre Sicht von Ordnung durchsetzen müssen. Die Ordnung der Kinder war bisher eine andere, und auch mit der wären sie erwachsen geworden!

Besonders schwierig ist ein Vater- oder Mutterwechsel oft in der Pubertät. Jugendliche sind Erwachsenen gegenüber ohnehin recht kritisch, werden immer eigenwilliger in ihren Zu- und Abneigungen. Hier tut der Neuling ganz besonders gut daran, wenn er sich aus der Erziehung heraushält, sich als Vertrauter anbietet, aber nicht aufdrängt.

Plötzlich kinderreich

Mit neuen Paarverbindungen entstehen oft auch neue Geschwisterkonstellationen. Da bekommen zwei kleine Mädchen auf einmal einen großen Bruder, der sie ärgert und ihre Spiele stört. Oder einer, der bisher großer Bruder war, hat plötzlich einen noch größeren über sich.

Unter Geschwistern sind mit der Zeit bestimmte Rollen fest verteilt. Wer was besser kann, wer wen beschützen muß, wer was schon oder noch nicht darf. Kommen Kinder dazu, wird das alles neu aufgemischt. Ob nun der Zuwachs freudig begrüßt oder mißtrauisch beäugt wird, die ersten Monate sind wahrscheinlich geprägt von Hahnenkämpfen und Kompetenzgerangel. Und hinter mancher Zickigkeit verbirgt sich die Angst, bei der Neuverteilung von Zuwendung und Wichtigkeit zu kurz zu kommen.

Angst um die gewohnte Zuwendung

Lassen Sie sich in diese Auseinandersetzungen der Kinder möglichst nicht einseitig Partei ergreifend hineinziehen, denn immer tun Sie damit einem anderen Unrecht. Manches Kind wird in solcher Situation mit psychischen Auffälligkeiten reagieren. Es wird besonders aggressiv oder weinerlich, bringt schlechte Zensuren nach Hause oder macht gefährliche Dummheiten. Die Mutter ist dann vielleicht enttäuscht, daß ihr dieses Kind den Start in die neue Beziehung unnütz erschwert. Das läßt sie das Kind spüren. Und das Kind, hinter dessen Verhalten ja gerade die Angst steckt, Zuwendung zu verlieren, reagiert um so heftiger.
Und so kann ein Prozeß in Gang geraten, bei dem dann dieses Kind als schwarzes Schaf abgestempelt wird. Alles könnte so schön sein, wenn dieses Kind nicht immer …

Neue Partner tun gut daran, sich vorerst nicht in die Erziehung zu mischen. Erst wenn die Freundschaft stabil geworden ist, sollten sie behutsam mitreden.

Alles aussprechen

Haben Sie Angst, daß die Unarten und Streitigkeiten der Kinder die Beziehung zu Ihrem Partner ernsthaft gefährden könnten?
Sprechen Sie möglichst jede Besorgnis, jeden Unmut in dieser Richtung gleich aus. Lassen Sie nichts unterschwellig Gärendes unausgesprochen. Überlegen Sie gemeinsam, wie Sie den Kindern bei der Klärung ihrer Situation helfen können. Je gelassener, je freier von eigenen Ängsten Sie reagieren, desto eher können Sie auch den Kindern eine Hilfe sein.

Familienkonferenz

Beziehen Sie auch die Kinder in solche Klärungen mit ein. Haben Sie es schon einmal mit einer Familienkonferenz versucht? Zu einer festgesetzten Zeit in der Woche setzen sich alle, Kinder und Erwachsene, um einen Tisch. Und jeder bringt vor, was ihm das erfreuliche Zusammenleben mit den anderen erschwert. Gemeinsam wird dann beratschlagt, wie es in Zukunft besser gemacht werden könnte.

Auch die Kleinen dürfen mitreden

Alle haben das gleiche Rede- und Stimmrecht, die ganz Kleinen und die ganz Großen. Und kleiner Ärger wird so wichtig genommen wie großer.

Eltern, die es ausprobiert haben, sind immer wieder erstaunt darüber, wie ernsthaft Kinder sich an solchen Debatten beteiligen, wenn sie merken, daß sie ernstgenommen werden. Und entsprechend ernsthaft sind dann auch ihre Versuche und Vorschläge, etwas zu verändern und zu bewirken.

Nichts geht ohne gemeinsame Aussprache zwischen allen Beteiligten, und dazu gehören auch und gerade die Kinder. Ihre Sicht der Dinge kann manchem Erwachsenen helfen, festgefahrene Meinungen aufzubrechen und neue Wege des Zusammenlebens auszuprobieren.

Familien-
konstellationen

Ob geringer oder großer Abstand, meist gleichen die Vor- und Nachteile sich aus. Wer zu lange über den richtigen Altersabstand grübelt, verpaßt möglicherweise die beste Gelegenheit.

Ob großer oder geringer Abstand zwischen den Geschwistern: Patentrezepte gibt es nicht.
Oft genug kündigt sich das zweite an, noch ehe sich die Eltern über die weitere Familienplanung recht klar waren. Diesen Eltern sei zum Trost gesagt: Eine Ideal-lösung, einen optimalen Altersabstand gibt es nicht – jeder hat seine Vor- und Nachteile, deshalb sind die Ratschläge, die man bekommt, auch recht unter-schiedlich. Aber so manches Kind blieb schon ohne Geschwister, weil die Eltern zu lange nach der idealen Lösung suchten.

Ein Jahr Abstand

Beträgt der Abstand nur ein Jahr – oder sogar noch weniger – ist es sozusagen »ein Abwaschen«. Umstands-kleider und Babysachen werden gleich weiter benutzt, die Eltern sind mit Wickeln, Baden, Füttern gut in Übung, die Einschränkungen der eigenen Freiheit, was etwa Ausgehen oder Verreisen angeht, reduzieren sich auf wenige Jahre. Die Kinder können als Spielgefährten mehr miteinander anfangen. Allerdings ist die Belastung der Eltern hier über eine längere Zeit wirklich recht groß. Die doppelte Anzahl schmutziger Windeln, doppelt so oft nächtliche Ruhestörung, das erfordert gute Nerven und wirklich partnerschaftliche Arbeitsteilung. Und für die Kinder bedeutet es nicht nur Spielkameradschaft, sondern auch oft mehr »Reibungsflächen« – Streit um Spielzeug, Eifersucht, Geschrei.

Mehrjähriger Abstand

Ein sehr großer Abstand dagegen – fünf Jahre oder mehr – bringt zwar eindeutiger getrennte Lebensbereiche und damit weniger Streit. Dafür fällt dem ersten nach vielen Jahren Einzelkinddasein die Einstellung auf das Baby sicher recht schwer, es hat kaum einen Gefährten an ihm, aber oft genug eine zusätzliche Belastung. Und auch das zweite sieht in ihm, zumindest in den ersten Jahren, wahrscheinlich eher einen zusätzlichen Erzieher als einen Spielkameraden.

Als Fazit wählen viele, die bewußt planen, den »Mittelweg« – also einen Abstand von etwa zwei bis drei Jahren. Mehr als eine Faustregel freilich kann das nicht sein.

Zwei auf einmal

Zwillinge sind etwas Besonderes. Wer mit einem doppelten Kinderwagen durch die Straßen schiebt, kann sich allgemeiner Bewunderung sicher sein. Für die Eltern sind Zwillinge freilich auch zwei Kinder auf einmal, wo – kräftemäßig wie finanziell – nur eines eingeplant war. In den letzten Jahren, seit Mütter auch noch in recht spätem Alter Kinder bekommen und manche ungewollte Kinderlosigkeit mit Hormonen behandelt wird, werden häufiger als früher Zwillinge geboren.

Was da biologisch geschieht, wissen Sie wahrscheinlich schon: Entweder, es werden zwei Eier gleichzeitig reif und gleichzeitig befruchtet, dann entstehen zweieiige Zwillinge in getrennten Fruchtblasen. Sie sind normale Geschwister, die nur zufällig gleichzeitig geboren werden, können in allem so ähnlich oder so unterschiedlich sein wie andere Geschwister auch.

Entwickeln sich dagegen aus einem befruchteten Ei nach der ersten Zellteilung zwei Kinder in einer Fruchtblase,

Beim Gedanken an Zwillinge erfaßt den einen Panik, andere finden es ganz toll, daß zwei sich angemeldet haben, weil dann alles mit einem Mal über die Bühne geht. Sind Drillinge in Sicht, werden auch Mutige eher kleinlaut.

dann werden das eineiige Zwillinge. Und die ähneln sich eben noch mehr als ein Ei dem anderen, denn sie sind in allen Erbanlagen genau gleich. Kommt trotzdem vielleicht eines größer, das andere kleiner, eines als Rechts-, eines als Linkshänder auf die Welt, dann liegt das an einer unterschiedlichen Versorgung mit Nährstoffen und Sauerstoff unter den beengten Bedingungen der ersten neun Monate.

Zwei mit gleichen Bedürfnissen

Zwillinge oder Mehrlinge lernen schon im Mutterleib, wie man sich am besten miteinander einrichtet. Nach der Geburt bleibt die enge Beziehung zueinander bestehen. Schon wenn sie nacheinander gestillt werden, ist mit Protest zu rechnen.

Zwillinge sind meistens sehr eng aufeinander bezogen. Denn sie verbringen auch nach der Geburt viel Zeit dicht beieinander. Und da sie gleich alt sind, haben sie meist auch zur gleichen Zeit die gleichen Bedürfnisse. Weint eines, steckt sein Kummer das andere an, bekommt eines zu trinken, hat auch das andere Durst.

Zwillinge machen gleichzeitig die gleichen Entwicklungsschritte, sehen sich dabei gegenseitig wie in einem Spiegel. Beginnt das eine zu lächeln, lächelt das andere zurück. Sie greifen nach den eigenen Händchen und nach denen des anderen. Und es kommt schon mal vor, daß der Daumen des einen zum Nuckeln im Mund des anderen landet.

Zwillinge haben ihre eigene Sprache

Mit den ersten Sprechversuchen, ja selbst ohne Sprache verstehen sie sich besser als das die Erwachsenen können. Manchmal sind den Großen die Verständigungsmöglichkeiten von Zwillingen geradezu unheimlich. Das führt dazu, daß Zwillinge oft in der Sprachentwicklung langsamer sind, denn sie verstehen sich eben auch so. Um so wichtiger ist es, daß sie von anderen immer wieder angeregt werden, sich auch mit ihnen zu verständigen.

Gleiches Aussehen – unterschiedliche Persönlichkeit

Insbesondere Zwillinge, die sich sehr ähnlich sehen, verleiten Erwachsene dazu, sie auch gleich zu behandeln. Eltern verführt der doppelte Kindersegen, jedes Kleidungsstück gleich doppelt zu kaufen. Das vereinfacht das Verfahren und läßt sie die Genugtuung genießen, daß nur sie die beiden auseinanderhalten können. Ein lustiges Spiel, auch für die heranwachsenden Kinder, aber nicht ohne negative Konsequenzen.

Zwillinge haben es schwer, eine eigene Identität zu entwickeln. Sie sagen später »ich«, brauchen oft länger, bis sie ihren Namen nennen können. Sie erleben sich weniger als Einzelwesen, denn als »einer von den Zwillingen«. Meistens sind sie unzertrennlich, fühlen sich ohne den anderen hilflos und unvollständig. Deshalb bemühen sich Eltern und umsichtige Menschen in der Umgebung von Zwillingen, ihnen zu Erlebnissen zu verhelfen, die ihre individuelle Besonderheit betonen, ohne ihre Gemeinsamkeit zu zerstören.

Dazu können auch Sie beitragen, selbst wenn Sie gar keine Zwillinge haben. Sagen Sie, wenn Sie die Spielfreunde Ihres Kindes meinen, nicht immer nur »die Zwillinge«, nennen Sie sie beim Namen. Ermutigen Sie Ihre Kinder, auch mal eines von beiden zum Spielen einzuladen, nicht selbstredend immer beide gemeinsam.

Wenn Sie selbst Zwillinge haben, kleiden Sie sie unterschiedlich. Vielleicht schneiden Sie ihnen auch die Haare verschieden, damit andere Kinder sie besser unterscheiden, sie auch leichter individuell ansprechen können. Betonen Sie individuelle Eigenheiten, die sich zu einer »persönlichen Note« entwickeln können.

Sprechen Sie Zwillingskinder immer einzeln an, bemühen Sie sich, sie auseinanderzuhalten, sagen Sie häufiger »du« als »ihr«.

Zwillinge gehen durch dick und dünn miteinander und finden es amüsant, wenn man sie verwechselt. Sie tun alles gemeinsam, entwickeln oft sogar eine gemeinsame Sprache, mit der nur sie sich verständigen können.

Mißtrauen Sie Leuten, die Ihnen das eine oder andere grundsätzlich raten. Besser ist es, von Fall zu Fall gemeinsam mit den Eltern das Für und Wider sorgfältig abzuwägen.

Zwillinge sind auch Freunde

Sollen Zwillinge in die gleiche Kindergartengruppe, in die gleiche Schulklasse kommen? Viele Eltern, Erzieherinnen, Lehrerinnen neigen mit zunehmendem Alter eher zum Trennen, damit beide ihren eigenen Erfahrungsbereich bekommen. Aber was bringt es, zwei traurige Kinder in zwei Gruppen zu haben, die sich nacheinander sehnen und deshalb keinen Spaß am Spiel mit den anderen finden können? Auf Kinderfreundschaften wird schließlich bei Eingruppierungen Rücksicht genommen. Und die meisten Zwillinge sind nun mal auch die besten Freunde. Es gibt daher kein Patentrezept. Haben die beiden ohnehin Schwierigkeiten mit der Eingewöhnung? Ist es zuviel verlangt, wenn sie sich gleichzeitig auch voneinander trennen sollen? Sind sie einander so wenig ähnlich, daß man ihnen zutraut, sich auch in der gleichen Gruppe eigenständig zu entwickeln? Diese Gründe sprächen eher gegen eine Trennung. Dafür spricht, daß viele Zwillinge sich in ihrer Entwicklung gegenseitig behindern. Einer versteckt sich hinter dem anderen, sieht immer erst den anderen an, bevor er eine Antwort gibt. Kann einer etwas nicht, dann braucht es der andere eben auch nicht zu können. Oder sie verteilen untereinander feste Rollen, die sie einzeln einseitig und nur als Paar erfolgreich machen. Eine redet vielleicht immer für die andere mit, eine ist immer für die Außenkontakte zuständig, die andere für das Einvernehmen untereinander.

Kinder nicht miteinander vergleichen

Erwachsene sind versucht, Zwillinge, die in einer Gruppe sind, ständig miteinander zu vergleichen. Vielleicht finden Sie auch zwischen dem starren »Entweder oder« Zwischenlösungen, die für alle Beteiligten besser verträglich sind.

Ist eine Trennung mit sechs Jahren in der Schule leichter als mit drei, vier, fünf Jahren im Kindergarten? Läßt sich die Trennung in Abstufungen langsam vorbereiten? Wie starr ist die Gruppentrennung im Kindergarten? Können die beiden sich beliebig oft besuchen, draußen zusammen spielen? Können sie Feste im Kindergarten gemeinsam feiern, ihren Geburtstag dafür vielleicht mal einzeln? Entscheidend ist, daß Sie als Ziel im Kopf haben: Beide Kinder müssen, wie andere Kinder auch, die Möglichkeit bekommen, sich entsprechend ihren Eigenarten und Fähigkeiten bestmöglich zu entwickeln.

Daß sie über alle Individualität hinaus wahrscheinlich ihr Leben lang enger verbunden sein werden als andere Geschwister, bleibt davon unberührt.

Oft tun sich Zwillinge auch schwer, Kontakt zu anderen Kindern aufzunehmen, weil sie aneinander genug haben. Dadurch bleiben sie aber leicht »zu zweit allein«, entwickeln zu wenig ihre sozialen Fähigkeiten.

*Im Team sind sie unschlagbar,
und das von Geburt an.
Trotzdem sollten Zwillinge dazu
angeleitet werden, durch äußere
Kriterien der Umwelt das
Unterscheiden zu erleichtern.*

Wenn Kinder plötzlich »groß« werden

Wer ein Geschwister bekommt, ist plötzlich groß und kann im Grunde gar nichts dazu. Susanne ist acht. Sie hat zwei Brüder von 14 und 15 Jahren. »Nun laß doch mal die Kleine«, sagen oft nachsichtig die Eltern. »Immer auf die Kleinen«, schimpft sie selbst, wenn die Brüder mal etwas grob werden.

Torsten ist drei. »Sei doch mal vernünftig, du bist doch schon so groß«, hört er neuerdings oft. Und das allein auf Grund einer Tatsache, zu der er selbst überhaupt nichts beigetragen hat. Er hat vor einem halben Jahr ein Schwesterchen bekommen. So relativ kann das sein!

So bestimmt also nicht etwa der Entwicklungsstand, sondern die Stellung in der Geschwisterreihe, ob man noch für klein oder schon für groß gehalten und entsprechend behandelt und gefordert wird. Diese Erkenntnis ist nicht neu. Aber es lohnt sich, darüber nachzudenken, wenn es das eigene Kind betrifft, wenn einem bei ihm Verhaltenseigentümlichkeiten auffallen, die hierdurch vielleicht eine Erklärung finden.

Was bedeutet es denn eigentlich, Ältestes zu sein?

Ein Erlebnis bleibt keinem Ältesten erspart – das Erlebnis, »entthront« zu werden, aufzusteigen vom zumeist etwas ängstlich umsorgten Erstling zum »Großen«, von dem man erwartet, daß es vernünftig ist, Rücksicht nimmt und später auch Verantwortung für das Kleine

Einzelkinder dürfen länger Baby sein als Kinder, denen rasch ein Geschwister nachfolgt. Beides hat Vor- und Nachteile.

trägt. Das muß ihm nicht schlecht bekommen, sofern man es nicht übertreibt, sofern auch dem »Großen« noch genug Gelegenheiten bleiben, klein zu sein. Sofern man es auf diese Entthronung langsam und liebevoll vorbereitet. Vielen Kindern wird ja an Eigenständigkeit eher zu wenig als zu viel zugetraut, und Verantwortung zu haben nährt auch das Selbstwertgefühl.

Es ist andererseits aber auch eine Erfahrungstatsache, daß älteste Kinder oft »komplizierte« Kinder sind – Kinder mit besonderen Hemmungen, Ängsten oder Aggressionen. Der Bruch im elterlichen Verhalten mag eine Erklärung dafür sein, eine andere ist sicher ihre Unsicherheit. Beim ersten Kind ist einem noch vieles neu und beunruhigend, was bei den folgenden schnell und locker mit einem »das war beim Großen auch so« abgetan wird. Man probiert dieses und jenes aus, läßt sich mal hier, mal da raten, vergleicht ständig mit den Kindern von Freunden und Verwandten, verhält sich entsprechend wechselhaft.

Gestern noch umsorgtes Einzelkind, dem jeder Wunsch von den Augen abgelesen wurde, und heute plötzlich große Schwester von einem Baby, das laut schreit, wenn ihm was nicht paßt. Die Umstellung klappt nicht immer problemlos.

Früher vernünftig als andere Kinder

Auch eine weitere Eigenschaft vieler älterer Kinder kann ein Vorteil, oft aber auch ein Nachteil sein. Ältere Kinder sprechen meist eher und besser artikuliert als jüngere Geschwister. Denn ihre wichtigsten Gesprächspartner sind zunächst die Erwachsenen, an ihnen orientieren sie auch ihr sprachliches Verhalten. Sie sind deshalb auch eher von ihnen akzeptierte Gesprächspartner. Freilich kann auch das wieder zur Folge haben, daß man an ihre Vernunft zu früh zu hohe Ansprüche stellt, also etwa »unvernünftige« Gefühlsausbrüche weniger toleriert, und sie dadurch dazu erzieht, Wut und Ärger herunterzuschlucken, weil sie sie nicht äußern sollen. Manch einer empfindet solche Kinder auch als altklug.

Sind aber die Anforderungen zu hoch, mag so ein Ältestes in seinem Selbstwertgefühl stark verunsichert werden. Es ist nie sicher, ob es den Ansprüchen der Eltern auch genügt. Und was die Eltern von ihm halten, ist nun einmal entscheidend dafür, was es selbst von sich hält. Nun mögen Sie auf diese Feststellung etwas hilflos reagieren. Sie können schließlich nicht verhindern, daß eines Ihrer Kinder das älteste sein muß. Deshalb soll es Sie zunächst einmal trösten, daß jede Position in der Geschwisterreihe, nicht nur die des Ältesten, Vor- und Nachteile haben kann. Aber wenn Sie solche »Standortnachteile« erst mal zur Kenntnis genommen haben, können Sie eine Menge dazu tun, sie auszugleichen.

Ältere sind keine Babysitter

Vergessen Sie nicht, daß auch Ihr Großes im Grunde noch klein ist. Übertreiben Sie es nicht mit den Appellen an Rücksicht und Verantwortung. Zum Beispiel ist niemals zurückhauen zu dürfen für ein Älteres eine zu harte Forderung, die außerdem von den Jüngeren oft schamlos

Einzelkinder und Älteste haben gar keine andere Wahl, als sich an den Eltern zu orientieren. Zweite Kinder oder dritte und vierte orientieren sich am Geschwister davor. Das Gefälle ist so gering, daß sie oft mühelos ihre Geschwister einholen, manchmal sogar überflügeln.

ausgenutzt wird. Und zu oft auf Kleinere aufpassen zu müssen, wenn man selbst unbeschwert spielen möchte und müßte, kann sehr lästig werden und manches Geschwisterverhältnis dauerhaft stören.

Verschaffen Sie Ihrem Ältesten frühzeitig Kontakte auch zu gleichaltrigen und älteren Kindern – durch Beziehungen mit anderen Familien oder durch den Kindergarten. Geben Sie es aber nicht gerade dann in den Kindergarten, wenn ein Brüderchen oder Schwesterchen geboren wurde. Denn daraus könnte es schließen, daß Sie es abschieben, um sich ungestört mit dem Baby beschäftigen zu können. Und so soll es doch nicht sein!

Wenn Kinder freiwillig Kontakt zum Brüderchen oder Schwesterchen suchen, ist die Zuneigung echt. Aufgenötigte Liebe kann rasch ins Gegenteil umschlagen. Manchmal wächst Geschwisterliebe etwas langsam.

Die Entthronung des Kronprinzen

Sie müssen sich die Situation einmal vorstellen! Da lebt ein Kind mindestens ein Jahr lang, meist länger, in sehr enger Bindung mit einem oder mehreren Erwachsenen. Es steht häufig im Mittelpunkt der Aufmerksamkeit, jeder Entwicklungsschritt, jede neue Fähigkeit wird begeistert zur Kenntnis genommen. So ein Erstgeborenes fühlt sich im allgemeinen wie der Nabel der Welt. Daß es auch anders sein könnte, kann es sich nicht vorstellen, denn was es um sich herum erlebt, das hält es für den selbstverständlichen Normalzustand.

Und dann erscheint da mehr oder weniger plötzlich ein Konkurrent, der in ganz unpassenden Augenblicken seine Forderungen in die Welt brüllt. Und die Eltern laufen mit fliegenden Fahnen zu dem Eindringling über. Sie springen den ganzen Tag um das Baby herum, reden über es, mahnen auch noch, es ja gut zu behandeln. Wenn es besonders hart kommt, kriegt das Neue auch noch das Babybett, aus dem der Kronprinz ausquartiert wurde, und einen Platz gleich neben der Mama.

Da soll man nicht eifersüchtig werden?

Aus keinem Geschwisterverhältnis lassen sich Wut und Eifersucht ganz heraushalten. Wenn es Ihnen aber gelingt, die Situation aus der Sicht des älteren Kindes zu verstehen, können Sie eine Menge tun, um ihm die Auseinandersetzung zu erleichtern. Wenn Sie ihm ermöglichen, auch seine negativen Gefühle dazu zu äußern, wird es um so leichter die Vorteile zu schätzen lernen, die es mit sich bringt, wenn man Geschwister hat.

Beteiligen Sie das Kind an den Vorbereitungen – am Umräumen des Zimmers, am Aufstellen des Bettchens. Vermeiden Sie aber möglichst, daß das ältere Kind gerade jetzt sein geliebtes Bett räumen muß, weil es für das Baby gebraucht wird.

Wann kommt das Baby?

Eröffnen Sie Ihrem ersten Kind die Aussicht auf ein Geschwister nicht zu früh, es muß den Zeitraum bis zur Geburt schon mit seinem Verstand erfassen können. Ein Zweijähriges wird kaum sieben Monate lang auf das angekündigte Ereignis warten können, ohne zwischendurch den Eindruck zu haben, das Baby käme ja doch nie und Sie hätten es beschwindelt. Lassen Sie das Kind an Ihrem wachsenden Bauch mit Händen und Ohren miterleben, wie das Baby wächst und sich bewegt. Sie können sich auch keine bessere Gelegenheit wünschen, dem Kind alles über Zeugung und Geburt zu erklären, als diese. Über ein »zu früh« für diese Aufklärung brauchen Sie sich nicht den Kopf heiß zu machen.

Scheinbar gleichgültig nehmen kleine Kinder oft die frohe Botschaft vom Nachwuchs auf. Wirklich freuen oder wirklich ärgern können sie sich erst, wenn das Baby tatsächlich in der Wiege liegt.

Was es interessiert anhört, das kann es auch verstehen. Was es nicht versteht, das vergißt es eben wieder und fragt später noch mal.

Lieber klein und hilflos als groß und stark

Schildern Sie ihm die künftige Situation nicht immer nur in rosigen Farben. Sagen Sie ihm auch, daß so ein Baby einem manchmal ganz schön auf die Nerven gehen kann und daß es als Spielgefährte zunächst noch nicht so gut brauchbar sein wird.
Aber selbst bei noch so einfühlsamer Vorbereitung wird die Gewöhnung an die neue Situation für das erste Kind nicht leicht sein, um so mehr, je länger es vorher die ungeteilte Aufmerksamkeit der Eltern beanspruchen durfte. Es muß einfach den Eindruck haben, daß deren Liebe und Fürsorge sich jetzt ganz auf das neue Baby konzentriert – denn schon rein zeitlich ist der notwendige Aufwand einfach größer.

Je gelassener Sie mit dieser Flucht zurück in die Kleinkindzeit jetzt umgehen können, desto eher wird Ihr Älteres entdecken, daß es auch Vorteile hat, älter zu sein und größer zu werden.

Beim zweiten Kind ist vieles anders

Widerstehen Sie der Versuchung, diese große zusätzliche Belastung jetzt auszugleichen, indem Sie an die Selbständigkeit Ihres ersten Kindes appellieren, weil es doch jetzt schon »so groß« sei.

Gerade wenn ein Kind ein Geschwister bekommt, hat es oft nicht die geringste Neigung, groß und vernünftig zu sein, bekommt es doch gerade vorgeführt, wieviel Fürsorge es einbringt, wenn man ganz klein und hilflos ist. Es wird wahrscheinlich sogar zeitweise hinter den Stand zurückfallen, den es vorher schon erreicht hatte, wird wieder in die Hosen machen, nicht mehr aus der Tasse trinken können, abends nicht alleine einschlafen oder andere Dinge mehr.

Zwei Kleine, na und?

Geben Sie ihm ruhig wieder ein Fläschchen, windeln Sie es ohne Vorwurf so fürsorglich wie das Kleine. Machen Sie ihm vor allem klar, daß es Ihrer uneingeschränkten Zuneigung sicher sein darf, egal wie »groß« oder »klein« es sich im Moment benimmt.

Vielleicht können Sie gelegentlich mit ihm allein etwas Besonderes unternehmen, wobei man so ein kleines Baby einfach noch nicht gebrauchen kann.

Andererseits dürfen Sie aber die Besorgnis um die Reaktionen des Älteren auf das Baby auch nicht übertreiben. Wenn Sie das zweite Kind nur noch aus der Warte seiner Wirkung auf das erste sehen, benachteiligen Sie es, bevor oder kaum daß es geboren ist. Und übertriebene Anteilnahme kann sich dem Erstgeborenen auch als Verunsicherung mitteilen, die ihm die Verarbeitung seiner Situation nicht erleichtert, sondern erschwert. Na, freust du dich schon auf das Baby, werden die Älteren oft gefragt, wenn sich Familienzuwachs ankündigt. Klar, die meisten freuen sich, schildern die Eltern ihnen das, was da auf sie zukommt, doch eher in rosigen Farben – süßes Baby, immer jemand zum Spielen ...

Gib das Baby doch zurück!

Aber die Wirklichkeit ist dann oft auch anders – zunächst jedenfalls. Zum Spielen ist das Baby zunächst noch zu unbeweglich, und wenn es dann endlich laufen kann, macht es alles kaputt, was ihm in die Finger kommt. Das hält die gutwilligste Geschwisterliebe oft nicht aus. Und dann kommen eines Tages so naheliegende Vorschläge wie: zurückgeben, verkaufen, verschenken. Oder es passieren gar versehentliche oder absichtliche Übergriffe auf den ungeliebten Störenfried. Eltern erschreckt das. Geschwister sollen sich doch liebhaben!

Der Nachkömmling belegt die Eltern über Gebühr mit Beschlag, die sind oft müde und gereizt und erwarten vom nunmehr »Großen«, daß er nicht zusätzlich Probleme bereitet.

Sicher, wünschenswert ist das, aber es läßt sich durch moralische Appelle nicht erzwingen. Im Gegenteil. Stehen die bösen Gefühle unter einem moralischen Tabu, muß das Kind sie verdrängen, darf sie nicht einmal vor sich selbst zur Kenntnis nehmen. Aber weg sind sie deshalb noch lange nicht.

Geschwisterliebe läßt sich nicht verordnen

Die Folge kann dann so aussehen: Eine Vierjährige überschüttet das wenige Monate alte Brüderchen mit Liebesbeweisen. Eifersüchtig wacht sie darüber, daß niemand Unbefugtes sich ihm auch nur nähert. Dabei wirkt sie aber unruhig und keineswegs glücklich. Sie hat wenig

Was da in rosigen Farben geschildert wurde, ist winzig klein, brüllt und braucht rund um die Uhr die Aufmerksamkeit aller. Wenn man das Baby umtauschen könnte, wären einige Probleme rasch gelöst.

Appetit und macht nachts wieder ins Bett. Vor wenigen Tagen ging sie so stürmisch mit dem Kinderwagen um, daß der umgekippt ist. Und heute hat sie dem Kleinen versehentlich einen Ball auf den Kopf geworfen. Dann ist sie jedesmal ganz verzweifelt.

Auch ältere Kinder leiden oft unter elterlich verordneter Geschwisterliebe. Immer nur Zuneigung füreinander, das gibt es nicht, kann es nicht geben – weder unter Elternpaaren noch unter Geschwistern.

Diese Vierjährige will offenbar ihr Brüderchen sehr liebhaben, kann es aber nicht. Ihr Zorn, ihre eigenen bösen Gefühle machen sie unglücklich, verschaffen sich aber Ausdruck, ohne daß das ihrem Willen zugänglich ist. Schimpfen oder strafen die Eltern jetzt noch bei solchen Mißgeschicken, entsteht leicht ein Teufelskreis, der die Liebe zum Brüderchen völlig zerstört.

Moralischer Druck entfremdet nur

Je mehr man aber genötigt wird, sich unfreundliche Äußerungen übereinander zu verkneifen, ständig – wenn auch zähneknirschend – freundlich zueinander zu sein, desto mehr wachsen Kritik und Unmut im verborgenen. Und wenn Kinder ihren Eltern gegenüber Wut auf die »blöde Schwester« nicht äußern dürfen, dann suchen sie sich eben gleichaltrige Vertraute, die da weniger moralisch sind. Und die Eltern können sich weiter in der Illusion wiegen, ihre Kinder seien ein Herz und eine Seele. Fragen Sie mal Bekannte nach Kindheitserfahrungen mit Geschwistern. Gerade die, deren Gefühle füreinander unter moralischen Druck gesetzt wurden, entfremden sich leicht, wenn der Druck aufhört.
Wenn sie Glück haben, finden sie später unter neuen Bedingungen eine bessere Beziehung zueinander.

Zum Teufel mit dem Brüderchen!

Ich behaupte, daß es den Beziehungen unter Geschwistern zugute kommt, wenn auch böse Gefühle, wenn

Es gibt Augenblicke, da wünscht ein Kind auch das niedlichste Baby zum Teufel, zumindest dann, wenn es sich um den eigenen Bruder, die eigene Schwester handelt.
Das ist normal. Eltern sollten akzeptieren, daß es Augenblicke gibt, in denen Geschwister sich nicht mögen.

Wut, Enttäuschung, Haß ausgedrückt werden dürfen, ohne gleich moralisch verurteilt zu werden.
Ein Kind, das im vertraulichen Gespräch mit Mutter oder Vater auch sagen darf, daß es manchmal Bruder oder Schwester zum Teufel wünscht, daß es das Leben ohne sie schöner fände, das erlebt, daß es mit allen seinen Eigenheiten von den Eltern angenommen wird, nicht immer nur gut sein muß, um geliebt zu werden, tut sich leichter. Gefühle, die es äußern darf, muß es nicht verdrängen, die kann es ins Licht holen, um sie genauer zu erforschen.

Und dabei können die Eltern ihm helfen.
- Warum bin ich eigentlich so oft böse auf meinen Bruder?
- Was an seinem Verhalten stört mich so?
- Könnte auch ich etwas anders machen?
- Könnten wir uns mehr aus dem Wege gehen?

Geschwisterliebe wandelt sich

Auch das muß erlaubt sein, daß Geschwister, die sich gegenseitig auf die Nerven gehen, mehr Abstand zueinander halten.

- Gibt es Möglichkeiten, ihnen dabei zu helfen?
- Würden sie sich eher tolerieren können, wenn sie nicht das Zimmer miteinander teilen müßten?

Oft sind solche Animositäten auch vorübergehend. Fast alle siebenjährigen Jungen finden kleine Schwestern unerträglich blöd, zehn Jahre später kann das ganz anders aussehen.

Wenn Ihnen Ihre Vierjährige also das nächste Mal vorschlägt, das kleine Brüderchen doch einfach zurückzugeben, schelten Sie sie nicht. Nutzen Sie eher die Gelegenheit für eine Liebeserklärung, die sie sicher dringend brauchen kann: »Ich kann es nicht zurückgeben. Denn ich habe es genauso lieb wie dich. Und dich würde ich auch niemals zurückgeben.«

Von der Last, Mittleres zu sein

Zweites Kind zu sein hat manchen Vorteil. Die Eltern sind schon sicherer, gelassener, wissen besser, was wichtig ist und was nicht. Und auch die Normen für das, was Kinder dürfen, sind beim zweiten oft etwas gelockert. Möbel und Teppiche haben sowieso schon Flecken, und was sich bereits beim ersten als nicht durchsetzbar erwiesen hat, wird vom zweiten gar nicht erst verlangt. Als Folge davon erweisen sich viele zweite Kinder als ausgeglichener, leichter erziehbar, als weniger kompliziert. Dabei kommt ihnen auch noch zugute, daß sie sich manches, was das Älteste mühsam allein erwerben mußte, einfach abgucken.

Es ist so eine Sache mit der Liebe. Das erfahren auch schon Kinder. Kommt ein Geschwister, muß man es sogleich liebhaben, ob es nun paßt oder nicht. Paßt es nicht, verliert man die Elternliebe. Und das tut weh. Was tun?

Es bekommt ihrem Selbstbewußtsein besser, in nicht zu großem Abstand ein kindliches »Modell« vor sich zu haben. Sie müssen nicht – wie das größere Geschwister – den Riesenabstand zu den sie umgebenden Erwachsenen als ständige Entmutigung erleben. Aber die Sache kompliziert sich oft, wenn ein drittes Kind geboren wird. Denn Mittleres zu sein, ist für viele Kinder eine Position, mit der sie nur schwer zurechtkommen.

Ein Familienbeispiel

Familie Z. hat drei Kinder – Jonas, sieben Jahre alt, Benjamin, sechs, und die einjährige Sophie. Seit Sophie geboren ist, wird Benjamin, der mittlere, immer unausstehlicher. Entweder weiß er nichts mit sich anzufangen, nörgelt, stänkert mit dem Bruder, oder er ist wild und überdreht, kommt auf die abwegigsten Ideen, bei denen sehr oft etwas zu Bruch geht. Jedenfalls haben die Eltern viel Anlaß, sich über ihn zu ärgern.

Zum Glück ist Jonas eher ruhiger und vernünftiger geworden. Er verbündet sich mit den Eltern, hilft ihnen, beaufsichtigt auch mal die kleine Schwester. Mit Benjamin wagen die Eltern sie nicht alleinzulassen, obwohl er doch nur ein Jahr jünger ist – wer weiß, was er wieder mit ihr anstellt.

Was ist bloß los mit Benjamin?

Den Schlüssel zu dieser Frage liefert eines Tages Jonas, als er gelassen erklärt: »Wir können noch so viel Kinder kriegen wie wir wollen, ich bleibe immer der Älteste!« Die Eltern überlegen: Und was ist mit Benjamin? Er hat durch Sophies Geburt die auch recht vorteilhafte Position des Jüngsten an die kleine Schwester abgeben müssen. Das heißt, Jonas Position wurde gefestigt, Benjamin hat seine verloren.

Nicht alle Kinder reagieren gleich. Aber wenn eine Zweierbeziehung durch die Ankunft eines dritten Kindes irritiert wird, kann das schon mal ein mittleres Erdbeben auslösen.

Ein Teufelskreis beginnt.
Da ist es dann weniger wichtig,
daß dieses Beachten eher aus
Schimpfen als aus Anerkennung
besteht.

Jonas entwickelt sich zur Stütze der Eltern und erwirbt dadurch ihre Anerkennung.

Sophie hat ohnehin viel Beachtung, weil sie ja noch recht klein und hilfsbedürftig ist.

Aber Benjamin hat Angst, in der Mitte zwischen den beiden übersehen zu werden. Anscheinend weiß er nicht so recht, womit er die Aufmerksamkeit der Eltern auf sich ziehen kann.

Die Position des Großen, Braven ist schon besetzt, klein und hilflos ist er eigentlich nicht mehr. Und da verhält er sich nach der leider recht häufig anzutreffenden Maxime: Lieber unangenehm auffallen, als gar nicht. Denn verhält sich ein Kind in Benjamins Position ruhig und unauffällig, fällt das vielbeschäftigten Eltern oft gar nicht auf. Sie registrieren eher entlastet: »Gott sei Dank, um dieses Kind brauchen wir uns im Moment nicht so sehr zu kümmern.« Aber gerade das fürchtet ja Benjamin.

Oft können Außenstehende, Großeltern oder Freunde dem entthronten Prinzen helfen, sein inneres Gleichgewicht wieder zu finden. Ihre Zuneigung läßt ihn vergessen, daß er die Liebe seiner Eltern nun unentwegt teilen muß.

Ein Teufelskreis beginnt

Macht so ein Kind aber etwas kaputt, bringt sich oder andere in Gefahr, oder tut sonst etwas, das Eltern nicht so leicht übersehen können, dann müssen sie es einfach beachten!

Für die ganze Familie aber setzt das einen Kreisprozeß in Gang. Je mehr die Eltern sich über Benjamin ärgern müssen, desto mehr bemüht sich Jonas, ihnen hilfreich zu sein und festigt seine Position. Je mehr sich die Eltern über Benjamin ärgern, desto mehr neigen sie sich Jonas zu, versuchen Benjamin durch Nichtbeachtung zu strafen. Weil aber Benjamin gerade das so fürchtet, muß er sich um so mehr bemühen, wie auch immer, sich die Beachtung zu sichern. Wie können sie aus diesem verhängnisvollen Kreislauf wieder herauskommen?

Unser Mittelstürmer

Benjamin müßte einen Weg finden, mit anderen Mitteln aufzufallen als mit solchen, die Erwachsene ärgern. Und wenn er ihn nicht selbst findet, muß ihm jemand dabei helfen. Benjamins Opa hat das als erster durchschaut. Denn er hat festgestellt, daß Benjamin, wenn er mal allein zu ihm kommt, sich ganz anders benimmt als meistens zu Hause – ruhig, freundlich, verträglich. Opa versucht, der Position des Mittleren, von der er Benjamin ja nun mal nicht befreien kann, einen positiven Akzent zu geben. Er nennt ihn jetzt oft »unser Mittelstürmer«. Mittelstürmer, das ist doch schließlich was! Man kann diesen Namen symbolisch, aber auch wörtlich nehmen.

Benjamins Opa

Opa ist ein Fußballfan. Und er sähe es gar zu gern, wenn auch einer seiner Enkel Fußball spielen lernte. Jonas ist

Die Mittleren haben oben den vernünftigen Großen und unten das unvernünftige Kleine. Auf wessen Seite sie sich auch schlagen, die Eltern sind nie ganz zufrieden.

daran nicht sonderlich interessiert. Er ist eher etwas behäbig und schnellen Spielen abgeneigt. Aber für den lebhaften Benjamin wäre das das Richtige. Und so nimmt er Benjamin (und bewußt Benjamin allein) häufiger mal mit auf den Fußballplatz.

Benjamin findet seinen Platz

Und Benjamin findet Gefallen daran, beginnt im Verein zu trainieren und hat jetzt etwas, was nur er kann, und was ihm vor allem beim Opa besondere Beachtung verschafft. Das tut ihm gut, das befreit ihn von dem verhängnisvollen Bedürfnis, zu Hause ständig unangenehm auffallen zu wollen. Und die Eltern kommen wieder besser mit ihm zurecht.

Neue Aufgaben

Was hier über Benjamin, den Mittelsten gesagt wurde, muß natürlich nicht für alle mittleren Kinder gelten. Das Geschlecht, der Altersabstand, die besonderen Fähigkeiten und Neigungen der Geschwister können auch noch ganz andere Konstellationen entstehen lassen.
Aber wie gesagt: Oft können Außenstehende, Großeltern oder Freunde der Familie dem Mittelsten helfen, seine innere Stabilität wieder zu finden. Neue Aufgaben, die erfolgreich gelöst werden, stärken das angeknackste Selbstbewußtsein und verschaffen die Achtung und Anerkennung, um die er sich zu Hause scheinbar vergeblich bemüht. Aber auch das muß gesagt sein: Für manche Menschen wird die Rolle, die sie in der Geschwisterreihe hatten und das Verhalten, das sie daraus entwickelten, geradezu charakterprägend. Die häufige Angst vor beruflichen Konkurrenzsituationen oder aber eine dauerhaft gestörte Beziehung zu den jüngeren und älteren Geschwistern kann hier ihre Ursache haben.

Für manche Menschen wird die Position, die sie in der Geschwisterreihe hatten und die Verhaltenskonsequenz, die sie daraus zogen, zum lebenslang durchgängigen Charakterzug. Manche besonders große Angst vor Konkurrenzsituationen, mancher andauernde Mißklang zwischen Geschwistern mag hier seine Wurzeln haben.

Braucht das Kind ein eigenes Zimmer?

Die Wohnungsaufteilung, die junge Eltern beim Einzug vornehmen, wird oft viele Jahre lang beibehalten. Dabei wechseln die Bedürfnisse mit dem Alter der Kinder. »Hier das Wohnzimmer, hier das Schlafzimmer, hier das Kinderzimmer« – schon einer leeren Wohnung sieht man meistens an, wie sich der Architekt die Aufteilung gedacht hat. Und fast zwangsläufig wird sie dann oft so übernommen.

Mit viel Liebe und oft auch mit viel Kosten wird da dem neuen Erdenbürger sein kleines Reich eingerichtet, sein Zimmer, in dem er oder sie leben und sich möglichst wohlfühlen soll.

Kleine Kinder sind gesellige Wesen

Sie spielen da, wo Mutter oder Vater sich auch aufhalten, also bevorzugt in der Küche, im Flur, im Wohnzimmer. Nur nicht im Kinderzimmer, denn da wären sie ja allein! Und nachts? Da finden sie es auch viel gemütlicher im Elternbett. Wozu also noch ein Kinderzimmer?

Für Eltern, die weder Mühe noch Kosten gescheut haben, um dieses schöne Zimmer einzurichten, die sich selbst oft räumlich einschränken müssen, damit das Kind ein eigenes Zimmer hat, ist das eine herbe Enttäuschung. Sie hätten selbst gern ein Zimmer für sich allein. Und dieses undankbare Kind hat ein Zimmer und weiß es nicht zu schätzen!

Wozu ein eigenes Kinderzimmer, wenn es nachts und am Tage leersteht? Kinder mögen es dort am liebsten, wo gerade Trubel angesagt ist.
Und nachts sind sie am liebsten dort, wo es auch am Tag so richtig schön ist: bei Mama und Papa.

So ein schönes Kinderzimmer verleitet dann leicht zu dem Druck, es auch zu benutzen. »Nun spiel doch mal in deinem Zimmer!« Aber Sie wissen ja selbst, wie das ist – was man benutzen muß, das mag man gleich nicht mehr so gern.

Es gibt auch noch andere Gründe, die ein Kinderzimmer bei denen, die es bewohnen sollen, unbeliebt machen können:

- Nach wessen Geschmack ist es eingerichtet, wer fühlt sich darin wohl?
- Was kann, was darf man in diesem Zimmer und was nicht?
- Wird es zu Strafzwecken benutzt?
- Liegt es zu weit vom Elternzimmer entfernt?
- Ist es für viele Spiele einfach zu klein?
- Wer sagt eigentlich, daß jedes Kind ein Kinderzimmer haben muß, auch wenn es offensichtlich zur Zeit gar keines braucht?

Heißbegehrter Allzweckraum

Wenn Sie den Eindruck haben, daß das Kinderzimmer zur Zeit ein schlecht genutzter Raum ist, dann räumen Sie doch einfach um! Wenn das Kind im Moment durch alle Räume wuselt – vielleicht hätten Sie lieber ein Zimmer, in das sich mal jemand, der Abstand braucht, in Ruhe zurückziehen kann? In so einem Raum könnte es eine breite Liege und einen bequemen Sessel geben, vielleicht auch eine Anlage zum Musikhören.Oder was sonst noch das Abschalten gemütlich macht. Erwachsene könnten sich hierhin allein zurückziehen, vielleicht aber auch mal mit dem Kind, falls Mutter (oder Vater) und Kind mittags ein bißchen ausruhen wollen. Sogar nachts könnte dieser Raum Ausweichstelle sein für den, den strampelnde Kinderbeine zu sehr beim Schlafen stören.

Starre Normen schränken ein. Was »man« macht, brauchen Sie noch lange nicht zu machen. Vielleicht kommen wir ja sogar mal dahin, daß die Architekten den Familien, die in ihren Häusern wohnen sollen, mehr Möglichkeiten lassen, die Räume nach ihren Bedürfnissen aufzuteilen.

Oder Sie wünschen sich vielleicht einen Raum für Hobbys, in dem Halbfertiges, Unansehnliches stehenbleiben kann? Oder noch ganz etwas anderes?

Es wird nicht so bleiben. Es kommt die Zeit, da möchte auch Ihr Kind mal die Tür hinter sich zuwerfen und Ihnen verbieten dürfen, sie wieder aufzumachen. Auch wenn Kinder Dinge machen wollen, die Erwachsene nichts angehen, brauchen sie zwischen sich und ihnen eine Tür, die sie auch mal zumachen können. So ein Zimmer ist gewissermaßen ein erweiterter Persönlichkeitsbereich. Im eigenen Zimmer darf man (zumindest mit-)bestimmen, welche Tapeten, welche Bilder an die Wände kommen, darf entscheiden, was stehenbleiben muß oder was weggeräumt werden kann, und eben, wer es gerade betreten soll und wer nicht.

Großer Raum für kleine Kinder

Vielleicht möchten Sie jetzt neidvoll einwenden, so ein Zimmer hätten Sie auch gern, in das Ihnen Ihr Kind nur folgt, wenn Sie es erlauben. Aber gerade wenn Sie ihm so einen Raum zugestehen, steigt wahrscheinlich seine Neigung, auch Ihnen einen Bereich zuzugestehen, in dem Sie nicht gestört werden wollen.

Spätestens, wenn Sie mehrere Kinder haben oder Spielfreunde mitgebracht werden, wird zu überdenken sein, ob die Idee, das kleinste Zimmer zum Kinderzimmer zu machen, gut war. Sicher, der große Kleiderschrank hat im halben Zimmer oft keinen Platz. Aber hat er nicht vielleicht Platz auf dem Flur? Mehrere Kinder, die spielen wollen, brauchen mehr Platz als schlafende Erwachsene! Was Sie im Moment also an Räumen brauchen, ob Kinderzimmer oder nicht, und welcher Raum sich wofür am besten eignet, das sollten Sie mit viel Mut und Phantasie immer wieder neu bedenken.

Halten Sie nicht starr an den Plänen fest, die sich ein wildfremder Architekt für Sie ausgedacht hat.
Was heute Sinn macht, kann morgen schon überholt sein.
Bleiben Sie flexibel in Sachen Raumaufteilung.

Kinder brauchen Spielzeug

Werfen Sie kein Spielzeug ungefragt weg. Es wird vermißt. Aber von der ersten Reihe in die zweite Reihe verlagern, dagegen haben Kinder nichts.

Aber wieviel? Und welches? Da sind sich die Erwachsenen eigentlich einig: Unsere Kinder haben meistens viel zuviel Spielzeug. Sie ertrinken im Überangebot, ihre Spiellust erlahmt unter der Fülle der Möglichkeiten. Oder es entzündet sich Familienstreit an der Notwendigkeit, das Vorhandene wenigstens notdürftig zu ordnen. Aber wie bringt man das den gebefreudigen Verwandten und Freunden bei, wie bezähmt man die kindliche Begierde und die eigene Lust, ihm zu gewähren, was man selbst so gern gehabt hätte? Die meisten Eltern resignieren wider besseres Wissen vor dieser Aufgabe. Immerhin ist mit Überfluß leichter umzugehen als mit Mangel.

Öfter mal was Neues

Wie wäre es mit folgendem, vergleichsweise einfachen Verfahren: Wenn Sie erleben, daß im Kinderzimmer vieles seit Wochen unbeachtet herumliegt, ziehen Sie es aus dem Verkehr. Sammeln Sie es in einer Kiste. Und wenn dann das Bedürfnis nach was Neuem mal groß ist, holen Sie aus der Kiste was hervor – fast vergessen und deshalb wahrscheinlich wieder interessant.

Und welches Spielzeug sollten Kinder haben?

Ästhetisch ansprechend, pädagogisch wertvoll, Naturmaterial statt Plastik? Das Problem ist, daß Kinder oft einen Hang zu Kitsch und Schund haben. Da lassen sie die schöne, teure Puppe mit dem echten Haar links liegen und wenden sich einem Plastikscheusal mit Nylonmähne zu. Aber das hat der edlen Schwester gegenüber einige wichtige Vorzüge: Diese Puppe macht in die Windeln, wenn man ihr zu trinken gibt, man kann sie mit in die Badewanne nehmen, man kann ihr die Haare waschen, ohne daß die Lockenpracht leidet. Würden Sie es aushalten, wenn Ihr Kind das mit der Käthe-Kruse-Puppe versuchte? Warum kaufen Sie die teure Puppe nicht für sich als Modell des Schönen und Edlen und gönnen Ihrem Kind das Plastikscheusal?

Holzspielzeug ist schön, finden Erwachsene. Aber beim Kleinkind, das damit wirft oder darauf fällt, verursacht es schlimmere Beulen als Vergleichbares aus weichem Plastik. Spielzeug ist Arbeitsmaterial, deshalb muß es auch Gesichtspunkten der Handhabbarkeit und Betriebssicherheit genügen.

Eltern sollten Kindern kein Spielzeug schenken, bei dem sie nicht ertragen könnten, daß es im Zuge eines Forschungsvorhabens kaputtgeht.

Kinder finden schön, was andere Kinder auch haben, was der Bruder oder die Schwester auch hat. Kindergeschmack und Elterngeschmack stimmen höchst selten überein.

Spielzeug nach Kindergeschmack

Viele Eltern finden Spielzeug sehr dekorativ, zumal dann, wenn es ihrem Geschmack entspricht. Eine Welt bricht zusammen, wenn ihre Kinder dieses Spielzeug nach Gutsherrenart behandeln. Aber ist geschenkt nicht geschenkt?

Wichtig ist allerdings die Frage, was passiert, wenn man auf einem Spielzeug herumkaut, denn auch das muß man dürfen. Kleine Kinder erforschen ihre Welt zunächst mit dem Mund. Und da ist nicht jeder Kunststoff empfehlenswert (jeder Holzlack allerdings auch nicht).
Was Kinder mit Spielzeug anstellen, beleidigt oft den elterlichen Sinn für Ästhetik. Und trotzdem muß es sein! Hölzerne Bausteine für ältere Kinder sind schön und praktisch. Man kann sie nicht nur aufeinanderschichten, sondern auch bemalen und beschriften, zusammenleimen und Nägel hineinschlagen.

Ertragen Sie das bei den sehr teuer gekauften? Warum dann nicht lieber Holzabschnitte aus der Tischlerei? Wichtig finde ich auch den Gesichtspunkt des Preises. Kinder wollen ausprobieren, was drin ist, wie es funktioniert, was passiert, wenn ... Das müssen sie auch, wenn sie kluge Kinder werden wollen. Also sind sie mit teuren Modellautos, die man kaum richtig anfassen darf, schlecht bedient. Warum nur haben Kinder eine so unbeirrbare Vorliebe für Kitsch und Schund?

Lila Pony mit giftgrünen Haaren

Ob es die Tonkassette mit der süßlich kreischenden Erzählerinnenstimme ist, das lila Pony mit den giftgrünen Haaren oder das Buch mit den grellbunten Bildern und dem schwachsinnigen Text – oft bevorzugen sie gerade das, was Erwachsene scheußlich finden.
Ziehen vielleicht Kinder das Grelle und das Überzogene dem Dezenten und Realistischen vor? Oder brauchen sie das Gefühl einer eigenen Welt mit eigenen Dingen, die eben nicht so sind, wie die Erwachsenen sie gern hätten? Wird ihr Sinn für Gutes und Schönes dadurch verbildet?

Geschmack kommt mit den Jahren

Es hält Sie doch niemand davon ab, Ihrem Jüngsten das Bilderbuch zu schenken und vorzulesen, das Ihnen so gut gefällt, ihm auch die Gründe für Ihre Wahl zu erklären. Sie dürfen auch ruhig Ihre Meinung zu der staksbeinigen Modepuppe sagen, der vielleicht gerade die Vorliebe Ihrer Tochter gehört. Sie müssen sie nicht einmal kaufen, wenn sie Ihnen so sehr mißfällt.
Aber was tun Sie, wenn Töchterlein die Patentante überredet oder selbst sein Taschengeld dafür spart?
Lassen Sie den Kindern ruhig ihren schlechten Geschmack. Hatten Sie früher nicht auch solchen geliebten Kinderkitsch?
Hat es Ihnen geschadet? Eines Tages werden Ihre Kinder den Unterschied schon begreifen, wie ja auch Sie ihn begriffen haben.

Je mehr ein Spielzeug auf pädagogische Ablehnung stößt, um so heißer wird es begehrt. Da aber alles seine Zeit hat, überlebt sich auch das, wonach Erwachsene behaupten, es verstoße gegen den guten Geschmack.

Vati, spielst du mit ?

Wenn Kinder Geschwister haben, haben sie auch Spielgefährten. Aber zu allem sind die auch nicht zu gebrauchen, zumindest, wenn sie noch sehr klein sind. Und manchmal wünschen sie sich doch einen erwachsenen Spielpartner. »Vati, spielst du mit?« Die Eltern tun das ja oft auch recht gern. Aber sie haben meist andere Vorstellungen davon, wie ein schönes, ein interessantes, ein lehrreiches Spiel sein sollte. Kinder sind da anders!

Insbesondere Kleinkinder spielen zweckfrei. Sie spielen aus der Freude am Tun. Ob dabei irgend etwas entsteht oder erreicht wird, ist ganz unwichtig. Aber Erwachsene neigen dazu, in das, was ein Kind tut, einen Sinn hineinzuinterpretieren und das Ganze auf ein Ziel hin auszurichten.

Spielen um des Spiels Willen

Matthias hat sich mit einer Kiste voller Bausteine in eine ruhige Ecke zurückgezogen. Die Bausteine funktioniert er zu Autos um und schiebt sie mit einem begleitenden »Brumm, brumm«, »tüt, tüt« sorgfältig über den Boden. Bald bildet sich eine lange Reihe. »Oh«, sagt die Mutter, »du spielst Stau.« Matthias reagiert nicht. Als kaum noch ein Baustein in der Kiste ist, löst er die Schlange wieder auf und schiebt die »Autos« konzentriert in eine andere Richtung. Diesmal ergibt sich ein Pulk, den er entspannt und zufrieden betrachtet.«Ein Unfall«, kommentiert die Mutter angesichts des ungeordneten Haufens. Matthias wirft ihr einen verständnislosen Blick zu. »Tüt, tüt«, die Bausteine werden an der Wand in Reih und Glied aufgereiht. Spinnen wir das Beispiel ein bißchen weiter. Matthias' Vater will mitspielen. Er schlägt vor, für die Autos eine Straße und eine Garage

Erwachsene sind durch ihren Alltag zu sehr darauf fixiert, daß jede Handlung ein Ziel haben muß. Sie haben das »naive« Spielen um des Spiels willen längst verlernt.

zu bauen. Er legt sich zu seinem Sohn auf den Bauch und ist bald ganz eifrig bei der Sache. Matthias aber guckt ihm nur noch zu, weil das nicht mehr sein Spiel ist.

Viel Begeisterung – kein Ziel

Auch wenn wir einem kleinen Kind etwas zum Malen oder Formen in die Hand geben, ist ihm das Umgehen mit den Dingen, das Ausprobieren des Materials die Hauptsache. Es malt und manscht und kleistert mit Begeisterung, aber ohne Ziel. Wir dagegen erwarten, daß es etwas Bestimmtes malt, knetet, bastelt. Wir interpretieren seine Gebilde und drängen es in eine bestimmte Richtung.

Dieses Mißverständnis gibt es auch in sehr vielen Kindergärten. All die gutgemeinten Bastelvorschläge eifriger Erzieherinnen sind in Kleinkindgruppen fehl am Platz. Sie erfreuen die Eltern, sie heben das Ansehen der Erzieherin, aber sie behindern die kindliche Kreativität und Experimentierfreude. Beim Spielen mit älteren Kindern ist uns eher unsere Phantasielosigkeit im Wege.

Manches, was Kinder stolz vom Kindergarten nach Hause tragen, ist nicht mal bruchstückhaft das Werk ihrer eigenen Hände. Viel lieber möchten Kinder probieren, untersuchen, verändern, als brav am Basteltisch zu sitzen.

Die vierjährige Anna kommt in die Küche und verlangt einen Hammer. Sie will ihren Lastwagen reparieren. Durch einen Blick ins Zimmer stellt die Mutter fest, der Lastwagen, das sind zwei zusammengeschobene Stühle. Und auf die will dieses Kind mit dem Hammer losgehen? »Nein, Anna, das geht nicht!« Anna wird böse und wirft den Lastwagen um. Hätte ihr die Mutter einen hölzernen Kochlöffel in die Hand gedrückt, wäre sie bestimmt zufrieden gewesen. Einen Lastwagen, der aus Stühlen besteht, kann man auch mit einem Hammer reparieren, der eigentlich ein Kochlöffel ist.

Auch beim Blödsinn tun wir uns oft reichlich schwer. Oder trauen Sie sich, im Park mit Ihren Kindern um die Wette eine Böschung hinunterzurollen? Wie man es macht, können wir doch leicht den Kindern abgucken.

Gemeinsam spielen

Ein anderes Handicap von Erwachsenen ist, daß sie glauben, überall die Überlegenen zu sein und den Kindern selbst beim Spielen etwas beibringen zu müssen. »Guck mal, das mußt du so machen, sonst paßt es doch nicht«. Und dann wundern wir uns, wenn die Kinder die Lust verlieren mit einem Spielgefährten, der alles besser weiß.

Wir tun deshalb gut daran, uns beim Spielen mit unseren Ideen und unseren Vorstellungen weitgehend zurückzuhalten, vielmehr den Kindern die Regie zu überlassen. Was wollen wir spielen? Was soll ich tun? Dann stehen uns faszinierende Ausflüge bevor ins Land der kindlichen Phantasie, aus dem wir längst vertrieben waren. Dann sind nämlich wir die Lehrlinge, die von den Kindern lernen, anstatt wie Schulmeister aufzutreten, die bei jedem Spiel mit falschen Kriterien nach einem Nutzen zu suchen.

Selbst wenn kein anderer Erwachsener dabei ist, haben wir Hemmungen, wie ein Löwe brüllend durch den Kinderzimmerdschungel zu stapfen oder auf einem Bein hüpfend den Clown zu spielen. Aber es täte uns manchmal gut!

Mein und dein – wem gehört was?

Wenn Geschwister im Alter sehr verschieden sind und auch noch recht unterschiedliche Interessen haben, ist das mit der Zuordnung des Spielzeugs ja einfach – jedem das seine. Was aber, wenn zwei Autofans dicht aufeinander folgen? Alles doppelt kaufen? Können wenigstens teure Dinge allen gemeinsam gehören? Sollte das jüngere Kind das Spielzeug des älteren erben?
Fangen wir der Einfachheit halber mal mit dem an, was nicht geht: Eine Sorte Spielzeug muß auf jeden Fall für jedes Kind neu angeschafft werden, kann nicht vererbt oder geteilt werden. Das sind die Kuscheltiere, Lieblingspuppen, all die Dinge, die ein Kind braucht, um sich zu trösten, um sich daran die Nase zu wärmen. Sie ahnen gar nicht, wie viele Erwachsene so einen völlig zerliebten Teddy noch in Ehren halten. So etwas gehört zu einem, das gibt man nicht fort. Auch andere Spieldinge, an denen ein Kind besonders hängt, sollten nicht weitergegeben werden. Ich würde überhaupt nur das vererben, woran ein Kind längst das Interesse verloren, das es seit längerer Zeit nicht mehr beachtet hat. Und ich würde das Kind immer um Erlaubnis fragen!

Kann es auch gemeinsamen Besitz geben?

Als gemeinsames Eigentum eignen sich nur Dinge, die man auch wirklich gemeinsam benutzen kann. Gesellschaftsspiele zum Beispiel, Bausteine oder die Kiste mit alten Sachen zum Verkleiden.

Wie würden Sie sich fühlen, wenn Sie täglich mit ansehen müßten, wie jemand anders Ihr Eigentum benutzt, das Sie gern selbst behalten hätten? Wären Sie wohl diesem anderen besonders zugetan?

Auf einem Fahrrad dagegen kann man nicht zu zweit fahren. Und wenn eines fahren möchte, will es garantiert das andere auch gerade. Also braucht jedes sein eigenes Dreirad oder Fahrrad. Allerdings kann man schon der großen Schwester, die ein neues, größeres Rad bekommt, zur Auflage machen, daß der kleine Bruder das kleine Rad erbt.

Manchmal muß man auch getrenntes Eigentum einführen, wenn die Kinder ganz unterschiedlich sorgfältig mit den Dingen umgehen. Wenn die eine die Tuschfarben immer völlig vermanscht hinterläßt, die die andere dann vor dem Malen erst sorgfältig säubert, dann empfiehlt es sich wohl, jeder einen eigenen Tuschkasten zu kaufen.

Ob Sie immer, wenn Sie einem Ihrer Söhne ein kleines Auto schenken, dem Bruder gleich eins mitkaufen, das müssen Sie entscheiden. Gibt es einen besonderen Grund, nur dem einen etwas zu kaufen? Ist der andere sicher, daß er genau so oft eine Extrawurst bekommt? Ist es nicht auch schön, wenn einer, dem Sie etwas angedeihen lassen, gleich auch an den Bruder denkt? Allgemeine Regeln dafür kann es nicht geben.

Abgrenzungs-Übungen

Sie können sich allerdings in Ihrem Bemühen um Gleichbehandlung verrenken, wie Sie wollen, dem Vorwurf, Sie hätten eins Ihrer Kinder gerade bevorzugt, werden Sie nie ganz entgehen können. Darauf komme ich im Kapitel über Geschwisterstreit noch einmal zurück.

Sie werden auch nicht vermeiden können, daß ein Großteil aller Zänkereien sich darum dreht, wem was gehört, wer was gerade benutzen darf oder kaputtgemacht hat. Diese Abgrenzung der eigenen Person und der eigenen

Kinder müssen die gemeinsame Verantwortung für gemeinsames Eigentum erst erlernen. Klappt das an einer Stelle zu schlecht, ist es besser, auf persönlich zugeordnetes Eigentum zurückzugreifen.

Einflußsphäre gegenüber den anderen Menschen, die einem am nächsten stehen, ist eine wichtige Aufgabe in der sozialen Entwicklung der Kinder. Es ist wichtig, daß sie das üben und eigenständige Lösungen finden, daß man ihnen das Streiten darum nicht verbietet nach dem Motto: »Streitet euch nicht, ihr seid doch Geschwister!« Auch davon wird später noch einmal die Rede sein.

Es gibt Dinge, die kann man gemeinsam benutzen, wenn man sehr tolerant ist.
Viele Dinge im Kinderleben sind jedoch unteilbar und müssen es auch bleiben.
Die Lieblingspuppe samt Puppenwagen gehört zu den unteilbaren Spielzeugen. Ein Pedalo dagegen wird erst richtig schön durch Kumpels.

Streit gehört dazu, Versöhnung auch

Es geht nicht immer, wie man möchte

Warum tun wir im Umgang mit unseren Kindern manchmal Dinge, die wir eigentlich gar nicht wollten? Wir verstehen uns selbst nicht.
Und den Kindern scheint es oft ähnlich zu gehen.

Eltern wie Kinder reitet manchmal der Teufel

Der zweijährige Markus ist ein sehr lebhaftes Kind. Nur wenn er fest schläft, können die Eltern sicher sein, daß er nichts Gefährliches anstellt. Wenn sie versuchen, ihn von etwas fernzuhalten, reizt ihn das erst recht. Aber die Eltern lieben ihr Kind sehr und wollen seinen Tatendrang nicht unterdrücken.
Gestern hat er der Mutter beim Bügeln ständig die Wäschestücke weggezogen und immer wieder nach dem Bügeleisen gelangt, obwohl sie ihm sehr geduldig erklärt hat, daß das heiß und gefährlich ist.
Und ganz zum Schluß, das Eisen war schon ausgeschaltet, hat er es doch noch geschafft. Die Bügelsohle hat eine Brandblase auf seinem Unterarm hinterlassen. Aber was die Mutter so erschreckt: Sie hat es kommen sehen und hätte es noch verhindern können – aber sie hat ihn anfassen und sich verbrennen lassen. Das arme, hilflose Kind! Wie konnte sie nur so gemein sein! Wenn diese Mutter doch erst mal vor sich selbst zugeben könnte, daß ihr Sohn – wie alle Kinder – keineswegs immer lieb und hilflos ist, daß er ihr manchmal schrecklich auf die

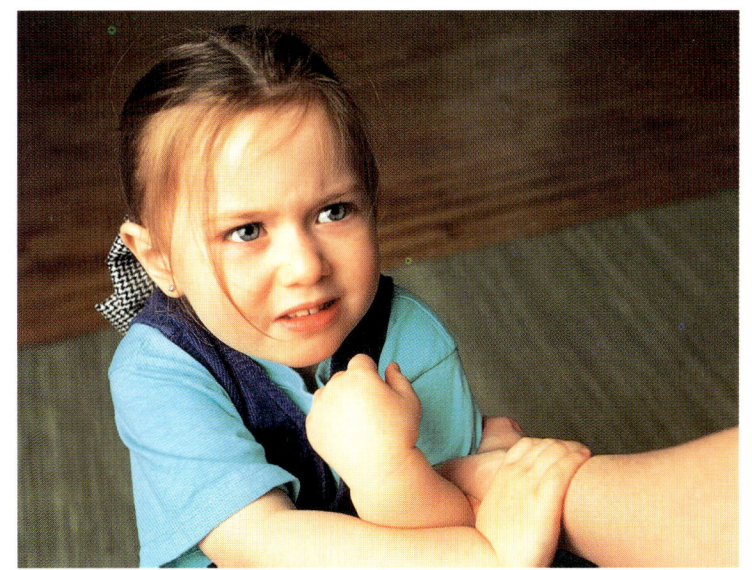

Ein Kind kann nicht immer nur lieb und nett und folgsam sein. Manchmal muß auch der Aufstand geprobt werden. Das ist wichtig, um kompromißfähig zu werden und das kindliche Alles-oder-nichts-Prinzip zu überwinden.

Nerven geht, sie wütend macht, sie wünschen läßt, sie wäre ihn mal für eine Weile los. Und wenn sie das dann auch noch ohne Gewissensängste zu Markus' Vater und zu ihren Freunden sagen könnte, dann könnten sie sich gegenseitig trösten und Pläne machen, sich die Beaufsichtigung diesen kleinen Wildfangs ein bißchen zu teilen. So lange sie aber an der Ideologie festhält, eine gute Mutter habe immer liebevoll und nachsichtig zu sein, werden sich ihre Wut und ihre Verzweiflung Wege suchen, die sie kaum kontrollieren kann. Weil sie ihre Wut verleugnet, erscheint sie ihr wie ein fremder Teufel, der sie manchmal reitet.

Ein anderes Beispiel

Stefan ist drei Jahre alt. Heute nachmittag bleibt er mit dem großen Bruder allein, weil die Eltern ausgehen. Beim Essen macht er ständig Dummheiten. Der Bruder ärgert sich. Schließlich kippt Stefan seine Milch auf den

Tisch und starrt den Bruder erwartungsvoll an. Der vergißt, was er versprochen hat und haut ihm eine runter. Stefan brüllt wie am Spieß. Da kommen die Eltern. Der Vater herrscht den Bruder an, weil der wieder gehauen hat. Jetzt heult auch der Bruder. Die Mutter nimmt ihn in Schutz, es entsteht heftiger Streit zwischen den Eltern. Alle sind wütend, jeder auf jeden.

Wen ritt denn hier der Teufel?

Alle, würde ich sagen. Jeder übernimmt eine bestimmte Rolle, das Ganze läuft nach festen Regeln ab, wie sicher schon einige Dutzend Male vorher. Dabei haben am Ende alle nur Schaden!
Und wie kann man die Wiederholung verhindern? Hier müßten die Eltern erkennen, was gespielt wird, sich absprechen und gemeinsam anders reagieren. Denn wenn zwei Mitspieler aussteigen, nimmt das ganze Spiel bald eine andere Richtung.
Achten Sie mal in Ihrem Familienalltag auf solche Spiele mit festen Regeln. Sie werden staunen, wie häufig die sind!

Wenn die Gefühle brodeln und überschwappen, sollte man zunächst einmal gar nichts tun, jedenfalls nichts, was die Situation weiter aufheizt. Wenn sich die Wogen geglättet haben, sieht alles ganz anders aus.

Ein letztes Beispiel

Die zweijährige Eda spielt mit Bauklötzen. Sie soll essen kommen. Aber sie will erst einen Turm bauen. Das dauert! Die Mutter will sie wegziehen. Da wird Eda wütend. Sie wirft sich auf den Boden und schreit laut. Die Mutter will einlenken, aber Eda hört es überhaupt nicht. Sie schreit und schlägt um sich, bis der schöne Turm, fast fertig, wieder zusammenbricht. Eine ganze Weile brüllt sie noch. Die Mutter ist längst in die Küche gegangen und beruhigt Eda, sie möchte auf Mutters Schoß. Sie hat wohl auch das Gefühl, der Teufel habe sie geritten. So hat wohl jeder in einer Familie, Eltern wie Kinder, gelegentlich den Eindruck, von Gefühlen überwältigt zu werden, die dem kritischen Verstand nur schwer zugänglich sind. Kinder sind dem, je kleiner, um so mehr recht hilflos ausgeliefert. Eltern können lernen, damit umzugehen. Sie müssen nur von der Illusion lassen, einem Erwachsenen dürfe so etwas nicht passieren, damit sie ohne den Druck von Gewissensbissen ruhig darüber nachdenken können. Hin und wieder reitet eben jeden von uns der Teufel.

Man kann es lernen, mit Konflikten umzugehen, sobald man sich die Illusion abschminkt, das eigene Kind müsse um jeden Preis ein Musterkind sein.

Streit ist manchmal unvermeidbar

Eine Friedensgeschichte in zwei Teilen

Es ist Krach im Kinderzimmer. Mathias streitet lautstark mit seinem Freund Felix. Ihre Ausdrücke füreinander sind keineswegs fein. Mathias' Vater mischt sich ein. Zwingt sich zur Ruhe, mahnt zur Friedfertigkeit, versucht die Streithähne abzulenken, drängt darauf, daß sie sich die Hand geben, bevor sie sich trennen. Sie tun das nur widerwillig. Es ist dadurch spät geworden, Mathias muß zum Turnen.

Schnell ins Auto, es eilt! Aber die anderen Autofahrer scheinen wenig Verständnis für die Eile der beiden zu haben. Mathias' Vater ist ständig am Schimpfen – auf die Idioten, die ihren Führerschein im Versandhaus gekauft haben, die zu blöd sind, richtig aufzupassen ...

Was soll Mathias davon halten? Gilt die Regel, daß man einander nicht beschimpfen darf, nur für Kinder?

Das Auto ist der ideale Lernort für verbale Gewalt, aber auch für andere Formen des Draufgängertums. Durchsetzen um jeden Preis, schneller sein und cleverer. Die Kinder lernen dabei eine ganze Menge.

Erwachsene messen, wenn es um das erwünschte Maß an Friedfertigkeit geht, oft mit zweierlei Maß. Im Kinderzimmer predigen sie Gewaltlosigkeit. Keine Handgreiflichkeiten, nicht laut und böse werden, man kann über alles ruhig reden, für alles friedlich eine Lösung finden. Werden sie selbst einmal laut und böse, dann ist das Pädagogik und zum Wohl des Kindes.

Warum verhalten wir uns so?

Ich glaube, dahinter steckt unser eigenes schlechtes Gewissen. Wir wissen selbst, daß wir so friedfertig, wie wir eigentlich sein möchten, nicht sind. Aber wenn wir selbst es nicht schaffen, so zu sein, wie es unserem Idealbild entspricht, dann wollen wir doch wenigstens an einer anderen Stelle etwas für mehr Friedfertigkeit unter den Menschen tun. Und wo? Bei unseren Kindern. Sie sollen so werden, wie wir selbst gerne geworden wären.
»Schämt ihr euch nicht? Ihr seid doch Geschwister!« Dabei stecken in dieser Haltung zwei wesentliche Denkfehler:

- Erstens ist menschliches Zusammenleben ganz ohne Streit überhaupt nicht möglich.
- Zweitens sind das Fluchen und Hauen unter Kindern nicht unbedingt aggressiver als etwa das zynische Sticheln oder die höflich vorgetragene Gemeinheit unter Erwachsenen.

Ich denke deshalb, wenn wir etwas tun wollen für mehr Friedfertigkeit unter den Menschen, müssen wir zunächst einmal Abschied nehmen von unseren eigenen hohen, aber unrealistischen Idealen.

Streit muß sein. Streit um jeden Preis zu vermeiden, führt nur dazu, daß Unmut und Wut sich aufstauen oder sich versteckte Wege der Befriedigung suchen, die mehr schmerzen können als das unmittelbare und offene Austragen.

Wichtiger ist es, selbst im Streit unverletzbare Grundregeln einzuhalten

Wenn wir lernen, uns zu unserer eigenen Aggressivität zu bekennen, sie zu kanalisieren statt zu unterdrücken und zu verdrängen, dann können wir auch aufhören, in unseren Kindern das Ideal der Aggressionslosigkeit verwirklichen zu wollen.

Auch im Kinderzimmer ist nicht jeder Streit vermeidbar, auch im Kinderzimmer ist richtig Streiten lernen wichtiger als Streit vermeiden.

Fangen wir also noch einmal von vorn an:

Mathias' Vater hört Streit im Kinderzimmer. Er versucht mitzukriegen, worum es geht. Felix hat ein Auto zertreten und Mathias behauptet, er habe das mit Absicht getan. Felix bestreitet empört. Die Wut der beiden ist verständlich. Erst als Mathias »Du blöder Schielaugust!!« schreit und Felix in Tränen ausbricht, greift der Vater ein. »Das war gemein, Mathias!« Der lenkt auch gleich ein, versucht zu erklären, daß das doch sein Lieblingsauto war. Der Disput wird ruhiger, das Problem scheint leidlich geklärt. Sie trennen sich etwas unterkühlt.

Wenn Streit auch nicht zu vermeiden ist, so gibt es doch auch hier Grenzen.
Kinder müssen es lernen, Versöhnungszeichen wahrzunehmen und versöhnlich darauf einzugehen.

69

Auch jetzt ist es zu spät geworden. Auch jetzt schimpft der Vater im Auto, weil sie nicht vorwärts kommen. Aber er schimpft nicht auf die anderen Autofahrer, denn die können schließlich nichts dafür, daß er zu spät losgefahren ist. Er schimpft einfach so vor sich hin, um sich Luft zu machen.

Eigentlich wünsche ich mir sogar, er nimmt in Kauf, daß sie zu spät kommen und redet noch einmal mit Mathias über diesen Streit.

Am nachhaltigsten lernen Kinder Versöhnung, wenn die streitenden Eltern ihnen das vorleben. So sicher wie ein Streit vorprogrammiert ist, muß auch die Versöhnung folgen. Und zwar bevor der Tag zu Ende ist ...

Was sich liebt, das haut sich

Eigentlich heißt der Spruch ja anders. Aber zum Trost
für gestreßte Eltern sollte er umgeschrieben werden.
Eltern möchten sehr gern, daß ihre Kinder sich sprich-
wörtlich lieben wie Bruder und Schwester. Na und? Die
meisten tun das ja auch. Allerdings anders, als Eltern
sich das vorstellen. Mindestens dreimal täglich geraten
sie sich lautstark in die Haare. Und führen sich dann
auf, als wollten sie einander fressen. Aber ich hoffe, Sie
hatten auch schon mal Gelegenheit, die beiden zu beobachten, wenn sie woanders sind, wenn einem von beiden
Gefahr droht. Es kann einem das Herz wärmen, wie da
meistens einer für den anderen eintritt.

Training für die Selbstbehauptung

Es gibt Untersuchungen darüber, daß zum Beispiel in
Kindergärten gerade die Kinder häufig aneinandergera-
ten, die sich gern mögen.

- Erstens haben Kinder mit den gleichen Interessen und
  Vorlieben eher auch gemeinsame Reibungsflächen.
  Kinder, die miteinander nichts anzufangen wissen,
  gehen sich eher aus dem Wege.
- Zweitens sind Freunde und erst recht Geschwister
  einander auch Trainingspartner für ihre Bestrebungen
  zur Abgrenzung und Selbstbehauptung. Sie streiten
  sich ungehemmter, weil sie im Grunde wissen, daß
  ihnen dabei nicht so viel passieren kann.
- Drittens müssen in jeder Familie die Rollendefinitionen immer wieder neu verhandelt und geklärt werden. Und je jünger Kinder sind, desto eher nehmen sie
  den Begriff wörtlich. Sie verhandeln mit den Händen
  (und Füßen), weil ihnen Worte noch nicht so gut zur
  Verfügung stehen. Ihre Stimme benutzen sie dabei
  lieber zu lautstarkem Geschrei.

Unser Erziehungsziel kann es
nicht sein, den Streit unter
Geschwistern abzuschaffen.
Das geht nicht.
Zorn braucht Ventile, Streiten ist
wichtig, um Konflikte zu lösen.
Aber Streiten muß, wie so vieles
andere auch, gelernt werden.

Es ist unsere Aufgabe, sie durch unser Beispiel das Austragen von Streit durch Worte nach und nach zu lehren. Sie brauchen also nicht zu befürchten, daß Ihre Kinder zu einem Leben in Zwietracht verurteilt sind, wenn sie sich jetzt ständig zanken. Umgekehrt garantiert ein erzwungener, alles vertuschender Burgfrieden noch lange keine stabile Harmonie.

Womit machen Sie sich Luft, wenn Sie in Wut geraten sind?

Hauen Sie mit der Faust auf den Tisch? Das verträgt der Tisch sicher besser, als wenn Sie mit Fäusten auf den losgingen, der die Wut verursacht hat. Werfen Sie Geschirr an die Wand? Sie müssen selbst wissen, wie oft Sie sich neues Geschirr oder neue Tapeten leisten wollen. Jedenfalls ist es besser, einen Teller an die Wand als dem Kontrahenten an den Kopf zu werfen. Knallen Sie mit den Türen? Wenn Sie, wie ich, in einem soliden Altbau wohnen, ist das eine prima Methode. Wie ist es mit Schimpfen und Fluchen? Ein deftiges Schimpfwort kann sehr entlastend wirken. Kritisch wird es, wenn Sie als Material für Ihre Schimpfkanonade Worte gebrauchen, die beim Streitpartner genau auf eine besonders empfindliche Stelle zielen. Das ist gemein! Welche Schimpfworte sind also vertretbar und welche nicht?

Schimpfen ja, abwerten nein

Die Ansichten darüber werden in verschiedenen Familien ganz unterschiedlich sein. So ein Kanon des noch Vertretbaren muß in jeder Gemeinschaft, in jeder Familie ausgehandelt werden. Er muß für Eltern genauso verpflichtend sein wie für Kinder. Ein Vater, der nicht als »blöder Hund« tituliert werden möchte, darf seinen

Erfinden Sie Ihre Schimpfworte doch einfach selber! Sie können sich auch entlasten und einem Magengeschwür vorbeugen, wenn Sie jemanden als grünkarierten Pappkarton bezeichnen.

Sohn auch nicht »Niete« oder »Schlappschwanz« nennen. Das finde ich sogar schlimmer, weil es bewußt auf ein noch unstabiles Selbstwertgefühl zielt. Der blöde Hund tut das nicht.

Auch im Zorn muß es Grenzen geben, über die hinaus man den anderen nicht kränken oder verletzen darf. Diese Grenze ist unter Kindern oft leichter zu definieren als unter Erwachsenen, weil sie deutlicher reagieren. »Wenn einer weint, muß Schluß sein«, ist eine bewährte Regel. Kinder versuchen noch lange, Konflikte handgreiflich zu lösen. Und die Unterscheidung zwischen Rangelei und Prügelei ist oft nicht leicht. Aber es müssen ihnen dabei Grenzen gesetzt werden, die sicherstellen, daß einer den anderen nicht ernsthaft verletzen kann. Diese Regeln dürfen auch im Zorn nicht übertreten werden. Bei meinen drei Söhnen hießen die: Niemals treten, wenn man Schuhe an den Füßen hat, niemals hauen mit einem harten Gegenstand in der Hand.

Kleine Handgreiflichkeiten – erlauben oder verbieten?

Vielleicht sind Sie entsetzt über diese Vorschläge. Vielleicht möchten Sie weiter in Ihrer Familie die Norm durchsetzen, daß Handgreiflichkeiten grundsätzlich nicht erlaubt sind, daß Konflikte nur im wohltemperierten Wortgefecht ausgetragen werden dürfen. Bedenken Sie dabei aber bitte folgende häufige Erfahrung: Auch ein Kind, das nie lauthals und handgreiflich streiten durfte, wird irgendwann einmal so wütend, daß dieses Verbot nicht mehr greift. Da es aber nicht geübt hat, selbst im Zorn bestimmte Grenzen einzuhalten, schießen seine Reaktionen dann leicht über jedes vertretbare Maß hinaus, und es entsteht ein nicht wieder gutzumachender Schaden. Denn auch Streiten muß eben gelernt werden!

Bei der körperlichen Unversehrtheit müssen für Erwachsene strengere Grenzen gelten als für Kinder. Erwachsene dürfen ein Kind niemals körperlich angreifen. Sie haben andere Möglichkeiten der Auseinandersetzung.

Eltern als Schlichter und Richter?

Eltern fühlen sich vom ständigen Streit ihrer Kinder oft sehr belastet. Sie möchten bewirken, daß auch die Kinder untereinander sich liebhaben. Aber oft erreichen sie mit ihren Bemühungen das Gegenteil.

Der fünfjährige Tobias und der vierjährige Alexander spielen im Kinderzimmer. Die Mutter hört sie, wie so oft, miteinander streiten. Plötzlich läßt sie lautes Geschepper und wütendes Gebrüll ins Kinderzimmer eilen. Tobias stampft vor Wut tobend auf einem Haufen wild durcheinandergeworfenen Spielzeugs herum, das sonst leidlich geordnet vor ihm im Regal stand. Empört herrscht ihn die Mutter an: »Wie kannst du denn das alles durcheinanderwerfen, wer soll denn das wieder einräumen, und jetzt machst du auch noch alles kaputt!«

Tobias glaubt, daß die Mutter Alexander vorzieht. Wenn Sie dann in einem Streit auch noch Partei für den Bruder ergreift, versetzt ihn das in Wut.

Lieber erst durchatmen, dann reagieren

Tobias ist inzwischen so außer sich, daß er kein verständliches Wort mehr herausbringt. Statt dessen geht er mit Fäusten auf die Mutter los. Die ist darüber so empört, daß sie ihm eine runterhaut. Tobias stürzt aus dem Zimmer. Aber da fällt der Mutter auf, daß Alexander bei alledem ein merkwürdig unbeteiligtes Gesicht macht – zeigt es nicht sogar eine Spur von Genugtuung?

Schließlich stellt sich heraus, daß Tobias gar nicht der Verursacher des Durcheinanders war. Alexander hat das Regal von hinten angekippt, so daß sein ganzer Inhalt auf Tobias niederfiel. Jetzt hat die Mutter Tobias gegenüber ein sehr schlechtes Gewissen. Sie bemüht sich den Rest des Tages ganz besonders um ihn. Mit Alexander redet sie kein Wort. Wie kann der nur so gemein zu seinem Bruder sein?

Alexander ist ständig auf Tobias eifersüchtig. Tobias ist umsichtiger und vernünftiger, darf schon so manches, was die Mutter dem quirligen, unaufmerksamen Alexander noch nicht zutraut. Alexander glaubt, daß die Mutter Tobias vorzieht.

Kampf um die Mutterliebe

Tobias hat allerdings eine Schwäche: Wenn er wütend wird, gerät er leicht völlig außer sich. Und dies nutzt Alexander zielsicher aus, um ihn vor der Mutter ins Unrecht zu setzen. Aber auch Tobias ist eifersüchtig. Immer soll er vernünftig sein, während dem quirligen Bruder so manches nachgesehen wird. Die Mutter versteht die Schwierigkeiten beider Kinder, bemüht sich verzweifelt, beiden gleichermaßen gerecht zu werden. Aber je mehr sie sich bemüht, desto schlimmer wird es mit den beiden. Im Grunde verfolgen beide mit ihren Streitereien das gleiche Ziel. Jeder versucht, die Mutter auf seine Seite zu ziehen. Und während die Mutter sich noch bemüht, eine Benachteiligung, die sie dem einen angetan zu haben glaubt, durch besondere Zuwendung auszugleichen, nährt sie im anderen schon wieder das Gefühl, zu kurz zu kommen. Sie erreicht also das Gegenteil dessen, was sie erreichen möchte und strapaziert sich dazu noch in unerträglichem Maße.

Zu frühes Eingreifen bringt die Kinder von dem Konzept ab, das ihrem Streit zugrunde liegt. Man sollte als Erwachsener eher einmal den Mut haben, nur zu beobachten, anstatt gleich einzugreifen.

Kinder können ihre Probleme oft selbst lösen

Was könnte sie statt dessen tun? Sie könnte versuchen, sich aus den Streitereien der beiden weitgehend herauszuhalten, vor allem aber nicht für den einen oder anderen Partei zu ergreifen oder die Funktion des Richters zu übernehmen.

- Worüber haben die beiden gestritten, bevor die Mutter dazukam?

- Was hat Alexander so böse gemacht, daß er Tobias den Inhalt des Regals vor die Füße kippte?

Alexander hat gekippt, Tobias hat Spielzeug zertreten, Tobias hat die Mutter mit Fäusten angegriffen – wer hat Schuld? Wenn die Kinder mit ihren Streitereien nicht mehr das Ziel erreichen, die Mutter zum Eingreifen, zur Parteinahme zu zwingen, werden sie selbst Lösungen finden müssen, um besser miteinander auszukommen.

Streit mit Hintergedanken

Eine Mutter hat mir einmal folgende Geschichte erzählt – ich wiederhole sie hier nur mit Bedenken, denn die Maßnahme, die die Mutter ergriffen hat, paßt nicht in mein pädagogisches Konzept – aber gefallen hat sie mir trotzdem:

»Ich hatte es satt, daß meine beiden kleinen Töchter unentwegt miteinander im Streit lagen, ständig von mir erwarteten, daß ich den Richter spielte. Als sie sich wieder einmal lauthals schreiend zankten, habe ich beide in die Wäschekammer gesperrt. Eine Weile haben sie noch weitergezankt, dann fingen sie an zu heulen und schließlich riefen sie im Chor: Wir woll'n hier raus! Als ich daraufhin die Tür aufmachte, zogen sie, sich einträchtig an den Händen haltend, an mir vorbei und bombardierten mich mit wütenden Blicken.«

Manche Kinder streiten gerade dann besonders heftig, wenn Vater oder Mutter in Hörweite sind. Greifen diese dann jedesmal ein, dann erreichen die Kinder, was sie im Grunde erreichen wollten. Mutter kommt gelaufen und kümmert sich, Vater nimmt sich Zeit für ein klärendes Gespräch. Spielen die Geschwister ruhig und friedlich, sind die Eltern froh, daß sie mal eine Weile Ruhe vor ihnen haben. Aber es wäre sinnvoller, wenn die Eltern sich Zeit für sie nähmen, während sie freundlich und umgänglich sind, ihre Streitereien dagegen weniger beachteten.

Kinder sind durchaus in der Lage, einen Großteil ihrer täglichen Streitereien allein auszutragen, ohne elterliche Hilfe Lösungen für ihre Konflikte zu finden. Sie wollen das auch, und sie müssen sich darin üben. Eltern wiederum können sich damit verrückt machen, unentwegt einzugreifen, zu schlichten, zu richten.

Wann sollten Eltern eingreifen?

Einmischen müssen wir uns auch, wenn einer ganz offensichtlich den kürzeren zieht, weil der andere so unfair wird, daß er ihm nicht mehr gewachsen ist. Dann müssen wir den Schwächeren schützen. Müssen auch verhindern, daß der Überlegene mit seinen unfairen Methoden Erfolg hat. Denn sonst benutzt er sie womöglich das nächste Mal wieder.

Aber Eingreifen muß ja auch nicht in erster Linie heißen, einen Schuldigen zu finden, ihn gar zu bestrafen. Das nährt nur neue Wut. Jedes der Kinder soll vielmehr die Möglichkeit bekommen, den Streitfall aus seiner Sicht zu schildern, seine Vorstellungen von einer Lösung zu erklären, ohne vom anderen unterbrochen und beschimpft zu werden. Und dann können alle gemeinsam nach einer Lösung suchen, die beiden einigermaßen gerecht wird. Wer nun eigentlich angefangen hat, wer schuld war, ist dagegen gar nicht so wichtig.

Manchmal allerdings ist Eingreifen doch unumgänglich. Wenn beide Streithähne sich so verrennen, daß sie keine Lösung finden, dann müssen Eltern Lösungsmöglichkeiten anbieten. Sicher sind eigene Lösungen besser als fremde. Aber fremde sind besser als gar keine.

Versöhnung ist nicht nur für Kinder eine höchst befriedigende Angelegenheit. Vielleicht streiten Geschwister manchmal nur, um anschließend das schöne Gefühl der Versöhnung zu genießen.

Gleich liebhaben heißt nicht gleich behandeln

Jede Liebe ist Schwankungen unterworfen. Aber das Grundgefühl muß stimmen: Wenn es darauf ankommt, liebt meine Mami mich genauso wie meinen kleinen Bruder.

Eltern, die mehrere Kinder haben, stellen sich oft die kritische Frage, ob sie wirklich alle gleich lieb haben. Denn das wollen sie. Aber sie können es nicht immer. Wenn zum Beispiel ein Kind längere Zeit krank ist, braucht es besonders viel Zuwendung. Und da wird der Mutter die Liebe, die sie für dieses kranke Kind empfindet, besonders bewußt. Eines Tages bemerkt sie dann vielleicht mit Schrecken, daß sie das zweite darüber fast aus dem Auge verloren, etwas Wichtiges, das es inzwischen erlebt hat, kaum zur Kenntnis genommen hat. Oder eines strapaziert die Nerven der Eltern jeden Tag mit neuen Dummheiten. Die Eltern richten daraufhin alle positiven Gefühle auf das andere, das derweil lieb und pflegeleicht ist. »Ein Glück, daß wir die Sarah haben!«

Schwankungen sind normal

Aber lieben Eltern das vorübergehend weniger beachtete, weniger gut angesehene Kind deshalb weniger? Wenden sie nicht dem anderen, sobald es zum Beispiel krank wird, genauso ihre konzentrierte Aufmerksamkeit zu? Zum Glück werden die meisten Kinder häufig krank und auch wieder gesund.

Schwieriger ist es schon mit dem, der ständig Dummheiten macht. Sein Verhalten und die Reaktion der Eltern können Kreisprozesse in Gang setzen, die ein Kind zum schwarzen Schaf der Familie machen und in dieser Rolle festhalten. Das ist schlimm für das Kind. Davon soll in einem anderen Kapitel die Rede sein.

Wechselnde Fronten

In den meisten Fällen wechseln solche Phasen zum Glück wie Krankheiten. So schwankt zwar die Zuwendung der Eltern, aber letzlich kommen doch alle zu ihrem Recht. Machen Sie selbst sich gerade solche Vorwürfe? Dann denken Sie bitte zurück: Wie lange ist die Konstellation schon so wie jetzt? War Ihr Liebling schon immer Ihr Liebling, oder waren es zeitweise auch Bruder oder Schwester? Wie lange, denken Sie, wird diese Konstellation noch andauern? Was können Sie tun, um die Positionen mal wieder zu wechseln?

Mal Papas, mal Mamas Liebling

Stoßen Sie sich nicht an dem Wort Liebling, weil es in der idealen Familie keine Lieblingskinder geben darf. Es ist doch im Moment so! Versuchen Sie zu erreichen, daß jedes Kind mal in den Genuß kommt, Lieblingskind zu sein. Oder läßt sich wenigstens sicherstellen, daß der, der Mamas Liebling zur Zeit nicht sein kann, so lange Papas Liebling ist?

Auch wenn Sie sicher sind, daß Sie alle Ihre Kinder gleich liebhaben, heißt das noch nicht, daß Sie immer alle gleich behandeln müssen. Das können Sie gar nicht. Schon das unterschiedliche Alter zwingt Sie zur Ungleichbehandlung. Sie können zwar Ihrem ersten Kind, das nach der Geburt des zweiten heftig eifersüchtig ist, vorübergehend wie dem Baby wieder die Flasche geben. Aber wollen Sie der Zweijährigen auch Rollschuhe kaufen, nur weil die Siebenjährige gerade welche bekommt?

Ist das eine gerade pflegeleicht, ist das andere ein Biest: Wird das eine zickiger, beruhigt sich das andere.

Ist es wirklich nötig, daß der Zwei- und der Vierjährige auch eine Schultüte bekommen, wenn die große Schwester eingeschult wird, daß zu jedem Kindergeburtstag alle was geschenkt bekommen, damit nur ja keines eifersüchtig ist? Wird nicht jedes diese Bevorzugung von Bruder oder Schwester akzeptieren, sobald es begreifen kann, daß es selbst damit auch mal dran ist? Ist es nicht sogar schön zu wissen, daß jedes mal etwas für sich ganz allein haben kann? Das Wesen der Konkurrenz unter Geschwistern ist doch eben, daß jedes gern etwas Besonderes sein möchte, nicht genau das gleiche wie die anderen.

Bekennen Sie sich zur kreativen Ungleichheit

Sie können sich mit dem Bemühen um Gleichbehandlung verrückt machen, trotzdem werden Sie dem gelegentlichen Vorwurf nicht entgehen, Sie hätten eines der Geschwister vorgezogen.

Jedes Kind kommt mit dem Bedürfnis auf die Welt, in der Gemeinschaft, der es angehört, geliebt, geachtet und anerkannt zu werden. Wächst es heran, lernt es, sich so zu verhalten, daß es diese Beachtung und Anerkennung in ausreichendem Maße erfährt. Findet es Geschwister vor, wird es versuchen, sich die Aufmerksamkeit der Eltern auf Gebieten zu sichern, auf denen das nicht schon die Geschwister tun. Das ist vielfach der Grund dafür, daß sich Geschwister so unterschiedlich entwickeln. Daß da dem Trägen ein Fleißiges, dem Quicklebendigen ein Stilles, dem Aufsässigen ein Friedfertiges folgt. Jedes verlangt also nach unserer Aufmerksamkeit auf seine ganz eigene Weise. Und deshalb ist es auch gerechter, mit dem einen anders umzugehen als mit dem anderen. Wenn wir die Tochter, die so gern Gitarre spielen möchte, zum Unterricht anmelden, müssen wir die Schwester, die lieber mit Hammer und Nägeln hantiert, nicht gleich mitnehmen. Wenn die Naschkatze schon wieder Schokolade möchte, müssen wir doch nicht auch dem Bruder ein Stück anbieten. Wo wir das Stille gern ermuntern, werden wir das sehr Aktive gelegentlich eher zu dämpfen versuchen. Wir dürfen dabei allerdings nicht den Blick dafür verlieren, daß sich solche Eigenheiten auch ändern können. Lassen Sie deshalb die krampfhafte Gleichmacherei und bekennen Sie sich zur Ungleichbehandlung. Geben Sie jedem Kind das, was es gerade braucht. Jedem das seine, statt allen das gleiche.

Nimm dir mal ein Beispiel an deiner Schwester

Wenn Eltern ein zweites Kind bekommen, ist es naheliegend, daß sie das erste als Maßstab verwenden. Was ihnen beim ersten noch Sorgen machte, nehmen sie beim zweiten gelassener: »Das geht vorbei, das hat sein Bruder auch gemacht.« Was beim ersten noch ehrfürchtiges Staunen auslöste, wird jetzt für selbstverständlich genommen: »Das machen wohl alle in dem Alter, bei unserer Großen war das auch so.« Fällt aber das zweite hinter dieses Maß zurück, werden sie leicht ungeduldig: »Der Große hat in dem Alter längst durchgeschlafen.«

Konkurrenz belebt nicht immer das Geschäft

Später werden solche Vergleiche vom Alter unabhängig. Wenn zum Beispiel beide in die Schule gehen und da ganz unterschiedliche Erfahrungen machen. »Nimm dir mal ein Beispiel an deiner Schwester, die macht ihre Schularbeiten immer allein.« Und, was hat die andere davon? Kann sie dafür, daß sie so ein As von Schwester hat, die alles gleich begreift und der Liebling der Lehrer ist? Schreiben und Rechnen macht bei dieser Konkurrenz überhaupt keinen Spaß mehr. Wozu soll sie sich da anstrengen, wenn sie doch höchstens mal genauso gut

Noch manche Erwachsenen haben ein gestörtes Verhältnis zu Bruder oder Schwester, die ihnen in der Kindheit immer als gutes Beispiel vorgehalten wurden.

sein kann wie die Schwester, aber das ist ja in den Augen der anderen nichts Besonderes. Aber im Sport, da ist sie viel besser – flinker, mutiger, lebendiger. Und wenn sie mit der Schwester Streit hat, versucht sie es mit Ringen und Boxen, da zieht die meist heulend den kürzeren. Jedes Kind versucht, ein Gebiet zu finden, auf dem es besonders gut sein, auf dem es andere ausstechen und überflügeln kann. Und das um so mehr, je mehr es von den Erwachsenen zur Konkurrenz angestachelt wird. Es wäre unter diesen Bedingungen ja auch dumm, wenn es sich auf einem Gebiet besonders bemühte, auf dem schon ein anderes glänzt.

Vergleichen tut Kindern weh

Und was bedeutet solches Vergleichen für die Beziehung der beiden? Würden Sie einen Arbeitskollegen besonders mögen, von dem man Ihnen sagt, er sei in manchem besser als Sie und Sie sollten sich an seiner Aktenführung, an seiner Art, mit Kunden umzugehen ein Beispiel nehmen? Wären Sie nicht eher darauf aus, Fehler an ihm zu bemerken, festzustellen, daß Ihnen Ihre eigene Art jedenfalls lieber ist als seine? Leidet nicht die Bereitschaft, sich jemanden oder etwas zum Vorbild zu nehmen, wenn man dazu aufgefordert wird?

Vergleiche stören die Geschwisterbeziehung

Auch für das Kind, das dem anderen als Beispiel vorgehalten wird, ist das eher von Nachteil. Entweder, ihm ist die gute Beziehung zu Bruder oder Schwester wichtiger als das hehre Bild in den Augen der Eltern. Dann wird es womöglich den Spaß an hervorstechenden Leistungen verlieren, die so vergiftende Folgen haben. Es wird sich in Zukunft eher zurückhalten. Es wird sonntags morgens nicht mehr den Tisch decken, wenn ihm sein Bruder, der

Die Eltern werden mit dem ständigen Vergleichen also leicht das Gegenteil des Beabsichtigten erreichen: Das unterlegene Kind wird sich aus dem Vergleichsgebiet eher zurückziehen, wird die Lust daran verlieren.

das nicht tut, dafür den ganzen Tag böse ist. Und das wollten Sie doch wohl nicht erreichen. Womöglich sonnt es sich aber auch in seiner Vorbildrolle, fängt selbst an, sich für besser zu halten, den Bruder zu bevormunden, seine Rolle als Elternliebling auszuspielen. Finden Sie das besser?

Eigentlich wollten Sie mit dem Vergleichen doch was ganz anderes erreichen: Jedes Kind sollte sich da, wo es Schwächen hat, am Beispiel des Besseren orientieren, um zu sehen, wie es selbst auch noch besser werden kann. Mit dieser Methode aber erreichen Sie das nicht. Versuchen Sie es doch anders: Schauen Sie nicht so sehr auf die Schwächen, die Ihr Kind hat, für die es Ihrer Meinung nach Ansporn braucht.

Jedes Kind hat seine Stärken

Achten Sie auf seine Stärken. Jedes Kind hat welche! Freuen Sie sich deutlich sichtbar über das, was es gut macht. Und wenn es dann doch mal Ansporn braucht, dann messen Sie es eher am eigenen guten Beispiel: »Denk mal, beim Schwimmenlernen hast du auch erst gedacht, du lernst es nie, und jetzt geht es schon so gut!« Allerdings macht auch da, wie so oft, der Ton die Musik. »Wenn du mal beim Schularbeitenmachen so ausdauernd wärst wie beim Telespielen!« – so meine ich es nicht!
Stelle ich ein Kind dem anderen als Beispiel hin, geht das Lob an die eine Adresse, der Tadel an die andere. Das demotiviert und verdirbt die Beziehung. Erinnere ich ein Kind, das Schwächen hat, zum Vergleich an seine Stärken, dann gehen sozusagen Lob und Tadel an die gleiche Adresse. Der Hinweis auf die Schwäche ist gleichzeitig eine Anerkennung für die Stärke. Das ermutigt. Und schont das Verhältnis zu Bruder oder Schwester.

Wenn ein Kind sich ein Lob verdient hat, dann darf das Lob nicht Hand in Hand mit einem Tadel für ein anderes Kind gehen. Lob ist unabhängig davon, wie tadelnswert die Umgebung ist. Wenn zwei sich prügeln, ist der dritte nicht schon deshalb zu loben, weil er nicht mitdrischt. Vielleicht betraf ihn der Streit ja gar nicht …

*Wenn Kinder die Mechanismen
des Streitens begriffen haben,
werden sie zwar immer noch
streiten, aber der Streit verläuft
kultivierter ab und führt nicht
zu nachhaltigen Verletzungen …*

… Die Versöhnung bestätigt das Einverständnis mit den neu gefundenen Grenzen. Bis zum nächsten Mal …

Das schwarze Schaf in der Familie

Oft zeigt jedoch ein Blick auf die Familiendynamik, daß die anderen, die Eltern und Geschwister, an dieser Festlegung der Rollen beteiligt sind, daß sie das schwarze Schaf in seiner Sonderrolle geradezu festhalten.

In vielen Familien mit mehreren Kindern gibt es so ein schwarzes Schaf. Eines, das ständig Unsinn macht, wenn die anderen lieb sind, das die anderen immer wieder ohne ersichtlichen Grund haut oder sich penetrant weigert, in der Schule so brav zu lernen wie seine Geschwister. Eltern sehen das manchmal als unverständlichen Schicksalsschlag. Die anderen sind doch so wohlgeraten, aber dieses ...

Wie gerät ein Kind in die Rolle des schwarzen Schafes?

Am besten mache ich das an einem Beispiel klar: Der zwölfjährige Daniel hat eine siebenjährige Schwester, Maria. Schon als erstes Kind hatte sich die Mutter lieber ein Mädchen gewünscht, weil sie, wie sie sagt, »mit Jungen nicht so recht kann«. Und in Daniel fand sie nichts von dem, was sie sich wünschte. Daniel war nie besonders zärtlich, eher spröde und ruppig. Was er anfaßt, macht er mit ziemlicher Wahrscheinlichkeit kaputt. Und wie ständig all die Flecken und Risse an seine Hände, Knie, Hosen kommen, weiß er selbst nicht. Die Schulleistungen – na ja!

Aber Daniel ist der Überzeugung, daß Maria sich bloß so hervortut, um ihn auszustechen. Das macht ihn oft wütend. Wenn er einen Wutanfall kriegt, weil er sich ungerecht behandelt fühlt, gibt Maria oft nach, schiebt ihm zum Beispiel das Stück Kuchen rüber, um das sie gerade gestritten haben. Das macht Daniel eher noch wütender. Scheinheilige Ziege!

Je mehr Maria sich um Nachsicht bemüht, desto gereizter wird Daniel. Manchmal reicht es ihm schon, wenn sie wieder so ein schrecklich liebes Gesicht macht. (Ob er insgeheim ein schlechtes Gewissen hat und deshalb immer gereizter wird?)

Vorteile durch die Rolle

Und die Mutter himmelt immer nur sie an. (Möchte Daniel nicht insgeheim auch mal angehimmelt werden?) Die Mutter ist entsetzt über Daniels Undank. Wo Maria doch so nachgiebig ist.
Wie soll sie freundlich oder gar stolz auf Daniel sein, wenn er so unberechenbar und gemein zu seiner Schwester ist? Sie muß doch die Kleine ständig vor diesem Rowdy in Schutz nehmen.

Je mehr sie das aber tut, desto überzeugter ist Daniel, daß sie ihn sowieso nicht leiden kann. Und so bestätigt einer immer die negativen Erwartungen des anderen.

Liebling kontra schwarzes Schaf

Und wie sieht das Ganze aus Marias Perspektive aus? Ist es wirklich nur Güte und Nächstenliebe, die sie so oft nachgeben läßt?
Sie spürt recht genau, daß dieses Verhalten ihr die Bevorzugung durch die Mutter sichert. Sie braucht gewissermaßen Daniels Zornesausbrüche, um sich ins rechte Licht zu setzen. Und sie weiß ihr Verhalten so einzurichten, daß Daniel oft zornig wird.

Auch die Mutter ist an dieser Rollenfestlegung nicht unbeteiligt. Sie spürt, daß ihr Maria näher ist als Daniel. Das macht ihr ein schlechtes Gewissen. Eine gute Mutter sollte doch wohl alle ihre Kinder gleich liebhaben!

Schon manche Mutter hat sich, wenn sie in Befriedungsabsichten das Kinderzimmer betrat, den Vorwurf eingehandelt: »Laß uns doch mal in Ruhe!«

Liebenswerte Eigenschaften neu sehen

Aber wenn sich doch eines ständig so danebenbenimmt... Daniels Verhalten liefert ihr eine Rechtfertigung für ihre Gefühle.

Gibt es in Ihrer Familie auch solche Teufelskreise, die ein Kind in die Rolle des Schwarzen Schafes schieben könnten? Möchten Sie etwas dagegen tun? Dann versuchen Sie zunächst einmal, Ihre eigene Perspektive zu verändern. Ihr Sohn ist nicht nur der, der immer gleich draufhaut, er hat auch noch andere, liebenswertere Eigenschaften. Haben Sie die ganz aus dem Blickfeld verloren? Fangen Sie gleich mal eine Liste an – schreiben Sie alles auf, was Sie am Verhalten Ihres Jungen freut. Und sagen Sie ihm das auch häufiger mal! Beißen Sie sich nicht so fest an dem, was Sie ärgert.

Wer profitiert vom Schwarzen Schaf?

- Welchen Vorteil haben die Geschwister?
- Welchen Vorteil haben Sie von der Existenz des Schwarzen Schafes?
- Wie paßt sein Verhalten in das Rollengefüge der Familie?
- Wie ließe sich daran etwas ändern?

Sicher gibt es auch bei Ihnen häufig Auseinandersetzungen, die wie nach einem festen Regieplan ablaufen. Sie wissen meist schon vorher, was gleich kommt.

Rollenwechsel tut not

Sobald Sie das erkannt haben, müssen Sie versuchen, den Regieplan zu verändern. Verhalten Sie sich anders, als Sie es in der Regel tun, als Sie es auch diesmal am liebsten tun möchten. Kann man das Ganze nicht auch

Sprechen Sie auch mit Menschen, die in diesen Streitigkeiten nicht so drinstecken wie Sie. Ob die das Ganze auch etwas anders sehen?

anders betrachten, anders darauf reagieren? Was wäre, wenn Daniels Mutter, anstatt zu schimpfen, Daniel möglichst ruhig fragte, was ihn so ärgert? Was wäre, wenn sie aufhörte, Maria ständig in Schutz zu nehmen? Ob sie sich nicht auch selber helfen könnte? Ob Maria sich auch anders verhielte, wenn sie nicht immer so viel Anerkennung für ihre Nachgiebigkeit fände?
Jedenfalls wäre der Teufelskreis dann erst einmal unterbrochen.

Wenn das alles nicht ausreicht, gehen Sie zu einer Familienberatungsstelle. Die Mitarbeiterinnen dort sind darauf spezialisiert, solche Zusammenhänge zu erkennen und Ihnen beim Verändern zu helfen.

Schenken Sie Ihrem Schwarzen Schaf auch einmal besondere Aufmerksamkeit, wenn der derzeitige Familienliebling nicht dabei ist. Das stabilisiert die angekratzte Kinderseele und streichelt das Selbstwertgefühl.

Urlaub mit Kind und Kegel

Schweifen Sie nicht zu weit in die Ferne, besonders, wenn Ihre Kinder noch klein sind. Lange Reisen sind für Kinder eine Tortur, und entsprechend nervtötend benehmen sie sich dabei.

Die gemeinsame Urlaubsreise ist für viele Familien die Zeit im Jahr, auf die sie sich am meisten freuen. Endlich mal viel Zeit füreinander ohne Streß und Terminpläne. Eltern können wieder spielen lernen, Kinder lernen ihre Eltern vielleicht von einer ganz anderen Seite kennen. Und manche Reibereien des übrigen Jahres verlieren durch diese Erfahrungen an Gewicht.

Aber manchmal ist die gemeinsame Reise kein ungetrübtes Vergnügen, nämlich dann,

- wenn die Eltern ihre Ruhe suchen und die Kinder wollen Trubel
- wenn die Kinder ständig leise sein sollen, weil andere Gäste sich über den Lärm beschweren
- wenn die Eltern von Spaziergängen in herrlicher Natur schwärmen, zu denen die Kinder überhaupt keine Lust haben

Was wollen die Eltern, was die Kinder?

Deshalb fängt ein gelungener Urlaub beim Aussuchen des passenden Reiseziels an. Sie kommen wahrscheinlich besser zurecht, wenn Sie Ihr Traumziel noch ein bißchen hinausschieben und dort hinfahren, wo Ihre Kinder beschäftigt und zufrieden sind. Dann fällt auch für Sie mehr Ruhe und Entspannung ab.

Fragen Sie doch als erstes die Familienrunde, was jeder im Urlaub gern mag: Das Meer, einen See zum Baden, Tiere im Stall, Wald und Wiese? Ebene Wege für Fahrräder und Rollerskates? Andere Kinder zum Spielen? Muten Sie den Kindern besser keine extremen Temperaturwechsel zu. Auch ungewohnte Nahrung bekommt manchem nicht. Sie haben wenig von Spaniens Sonne, wenn ein Kind Fieber bekommt oder ständig erbricht. Andererseits geht es in manchem Nachbarland, zum Beispiel in Italien und Dänemark, wesentlich kinderfreundlicher zu als vielerorts in Deutschland.

Wie möchten Sie im Urlaub wohnen?

Mütter sehnen sich meistens nach einem Quartier mit Vollpension, um endlich mal für die Versorgung der Familie nicht zuständig zu sein. In einem Ferienhäuschen oder im Zelt sind Sie unabhängiger. Sie können ohne Wartezeiten draußen in Badehosen essen, wann und was Sie wollen. Wenn die ganze Familie mit anpackt und keiner hohe Ansprüche stellt, muß man da nicht viel Arbeit haben. Wenn alles an Muttern hängenbleibt, sollte die lieber auf Pensionsurlaub bestehen. Alleinerziehende fahren wohl am besten in ein Ferienheim oder tun sich zu mehreren zusammen, damit sie sich die Kinderbetreuung ein bißchen aufteilen können und auch als Erwachsene Gesellschaft haben.

Das Bundesfamilienministerium gibt gemeinsam mit dem ADAC alljährlich einen Katalog heraus, in dem kinderfreundliche und erschwingliche Urlaubsziele in Deutschland beschrieben sind.

Wie wollen Sie ans Urlaubsziel kommen?

- Das Auto hat den Vorteil, daß Sie Pause machen können, wann immer Sie wollen, und daß Sie mit Gepäck nicht so zu sparen brauchen.
- Im Zug können Kinder umherlaufen, dafür ist es schwieriger, Nachttopf, Kinderwagen und Dreirädchen mitzunehmen.
- Der Bus hat weder die Vorteile des einen noch des anderen. Was für Sie am billigsten ist, müssen Sie selbst ausrechnen.
- Das Flugzeug kommt für Eltern mit mehreren Kindern meistens schon wegen des Preises nicht in Frage.

91

Sachen, die nicht schmutzig werden dürfen, sollten Sie gar nicht erst mitnehmen.

Und was müssen Sie mitnehmen?

Sparen Sie mit Ihrem eigenen Kram, seien Sie großzügig mit dem der Kinder. Wenn Kinder sich wohlfühlen sollen, brauchen sie für jedes Wetter die richtige Kleidung. Mit Ölzeug und Gummistiefeln kann auch ein verregneter Urlaub vergnüglich und abenteuerlich sein. Je mehr Hosen, Pullis und Unterwäsche Sie einpacken, desto weniger bringt Sie durchweichte oder verdreckte Kleidung in Bedrängnis oder in Waschzwang.

Manchem Kleinkind macht das Einschlafen in fremder Umgebung Probleme. Je mehr Vertrautes es um sich hat, desto weniger fremd fühlt es sich. Der Teddy oder das Schmusekissen muß also unbedingt mit, vielleicht auch die bunte Bettwäsche, die Kindertasse, das Löffelchen? Wenn es geht, packen Sie auch den Nachttopf ein. Gute Geschäfte scheitern manchmal an ungünstigen Bedingungen. Am Spielzeug können Sie eher sparen.

Mehrere Kinder und viel individuelles Gepäck lassen sich am besten im Auto transportieren. Kleine Pausen verhindern großes Quengeln. Vermeiden Sie alle Risiken, die zu Streß und nervösem Klima im Auto führen. Schlafende Kinder sind die besten Fahrgäste.

Ein paar Sachen, die sich vielseitig gebrauchen lassen, ein paar Gesellschaftsspiele, die alle mögen, Schippen und Buddelzeug, Papier und Stifte. Ansonsten spielt es sich trefflich auch mit Steinen und Muscheln, Eierschachteln und Döschen, Blumen und allerlei Fundsachen. Sie werden staunen, wie kreativ man wieder wird, wenn nicht alles vorgefertigt und perfekt zur Verfügung steht. Ich wünsche Ihnen nur, daß Ihre Kinder all die neugewonnenen Schätze nicht hinterher mit nach Hause nehmen wollen.

Für lange Autofahrten

So, jetzt fahren Sie also los. Nehmen wir mal an, mit dem Auto. Die Vorschrift, Kinder auf dem Rücksitz anzugurten, bringt für die Eltern einen Vorteil gegenüber früheren Zeiten. Die lieben Kleinen können sich nicht mehr so ausgiebig prügeln oder dem Fahrer plötzlich hinterrücks um den Hals fallen. Dafür sind sie aber in ihrem Bewegungsdrang noch mehr eingeschränkt, haben noch häufiger und dringender das Bedürfnis nach einer Pause, bei der man nicht nur mal eben hinter den Busch geht, sondern möglichst auch ein bißchen rennen und herumtollen kann.

Gegen Langeweile

Gegen Langeweile im Auto wappnet sich der jeweilige Beifahrer am besten mit attraktiven Spielideen. Teekesselraten und »Ich sehe was, was du nicht siehst«, feststellen, woher die Autos mit einem P oder SU auf dem Nummernschild kommen (Liste mitnehmen), oder was man sonst mit Autonummern und Autotypen so anstellen kann. Vielleicht üben Sie auch, wer am längsten die Luft anhalten kann. Oder Sie versuchen sich im gemeinsamen Singen fast vergessener Wanderlieder. Im Frühtau zu

Sehr hilfreich sind auch kleine Nachtlichter für die Steckdose, sie erleichtern das Zurechtfinden in der neuen Umgebung.

Im Auto läßt es sich vortrefflich schmettern. Es hört Sie niemand, und die kleinen Unebenheiten schluckt das Motorgeräusch. Nehmen Sie ein Liederbuch mit, wahrscheinlich kann wieder niemand die Texte.

Bei Reisen an heißen Sonnentagen brauchen Sie kleine Gardinen, die Sie bei Bedarf am Seitenfenster anbringen können. Ein schlafendes Kind kann hinter sonnheißer Scheibe leicht einen Sonnenstich bekommen.

Berge … Und wenn nichts mehr gehen will, zaubern Sie aus einem extra angelegten Vorrat eine kleine Überraschung hervor – ein Geduldspiel, Maus in Mausefalle, Kugeln in Löcher oder was es sonst noch so gibt, ein neues Quartettspiel, eine Mundharmonika.

Aber hüten Sie sich vor nervtötenden Trillerpfeifen oder gar Luftballons, die, plötzlich zerplatzend, den Fahrer erschrecken.

Auch winzige Dingelchen, die sich davonmachen und dann unter den Sitzen gesucht werden müssen, sind ungeeignet.

Hauptsache wohlfühlen

Für Fahrten im Zug gilt im Prinzip das gleiche. Hier ist es ratsam, den Kindern Hausschuhe mitzunehmen. Denn sie steigen wahrscheinlich unentwegt vom Boden auf die Sitze und zurück. Tun sie das mit Straßenschuhen, beschweren sich manchmal andere Reisende. Auf Strümpfen können sie wieder schlecht den Gang entlanglaufen. Sie bleiben in einem An- und Ausziehen. Auch wenn Ihnen allen die Fahrt noch so lang erscheint, schließlich werden Sie ankommen. Und dann beginnt hoffentlich ein für alle erholsamer Urlaub.

Wollten Sie nicht schon lange mal wieder Sandburgen oder Höhlen bauen, auf einem Pony reiten oder Karussell fahren?

Versuchen Sie nicht, alle Regeln, die zu Hause galten, auch hier einzuhalten. Machen Sie einfach neue, die den neuen Bedingungen und dem allseitigen Wohlbefinden am besten dienen.

Stadtspaziergang um Mitternacht, Mittagessen nachmittags um fünf oder auch mal überhaupt nicht. Restaurantbesuch mit bekleckertem Kind?

Was soll's, dafür ist doch Urlaub!

Über die Autorin

Helga Gürtler ist Kinderpsychologin und Therapeutin in Berlin. Selbst Mutter von drei Kindern, ist sie seit vielen Jahren für die Beratungsseite in der Eltern-Kind-Zeitschrift »Spielen und Lernen« zuständig. Im Südwest Verlag ist sie eine der Stammautorinnen in der Reihe »Leben lernen mit Kindern«.

Literatur

Gürtler, Helga: Kinder brauchen feste Regeln. Südwest Verlag. München 1993
Gürtler, Helga: Kleine Haken im Familienalltag. Südwest Verlag. München 1993
Gürtler, Helga: Das lernt mein Kind im Kindergarten. Südwest Verlag. München 1994
Schuster-Brink, Carola: Wenn Erziehung an den Nerven zehrt. Südwest Verlag. München 1994
Strätling, Barthold: Streiten, teilen und vertragen. Südwest Verlag. München 1993

Hinweis

Das vorliegende Buch ist sorgfältig erarbeitet worden. Dennoch erfolgen alle Angaben ohne Gewähr. Weder Autorin noch Verlag können für eventuelle Nachteile oder Schäden, die aus den im Buch gemachten praktischen Hinweisen resultieren, eine Haftung übernehmen.

Bildnachweis

IFA-Bilderteam. Taufkirchen/München: U2 (J. Heron), 34 (Weststock), 38, 59 (TPL), 55 (March), 66 (Comnet); Das Fotoarchiv, Essen: 25 (Anne Koch), 43 (Peter Byron), 48 (Bob Krist), 63 (Wolfgang Schmidt), 77 (Scott McKiernan); Mauritius, Mittenwald: 5, U4, (Cash), 12 (Mc Carthy), 32 (Simon Sims), 40 (John Silverberg), 70 (Mc Carthy); Tony Stone, München: U1 (Titelbild) (Christopher Bissell), 2 (li.) (Lori Adamski Peek) , Carol Ford (re.), 3 (li.) (Peter Correz), Penny Tweedie (re. o.), Peter Poulides (re. u.), 9 (Howard Grey), 15, 17 (David Hanover), 20 (Charles Thatcher), 36, 84/85 (Bob Thomas), 45 (Steven Peters), 57 (Peter Cade), 65 (Penny Gentieu), 89 (Tessa Codrington), 92 (Dan Bosler)

Impressum

© 1995 Südwest Verlag GmbH in der Verlagshaus Goethestraße GmbH & Co. KG, München
Alle Rechte vorbehalten. Nachdruck – auch auszugsweise – nur mit Genehmigung des Verlages.
4. Auflage 1998
Redaktion: Christel Hofmann. Ulrike Kühnel
Bildredaktion: Barbara Glöggler
Produktion: Manfred Metzger
Umschlag: Till Eiden
DTP/Satz: Reiner Löb
Druck: Color-Offset, München
Bindung: R. Oldenbourg. München
Printed in Germany
Gedruckt auf chlor- und säurearmem Papier
ISBN 3-517-01438-9

Register

Abgrenzungsübungen 62f.
Abstand zwischen
    Geschwistern 28f.
Allzweckraum Kinderzimmer 52f.
Ältestes 35ff.
Animositäten 46
Aufgaben, neue für mittlere
    Kinder 50
Aufklärung, notwendige 21
Aufklärung, sachliche 19
Aussicht auf ein Geschwister 40
Autofahrten, lange 93

Baby 42
Babysitter, Ältester als 37
Burgfrieden, erzwungener 72

Eifersucht unter Geschwistern 39
Eigentum, gemeinsames von
    Geschwistern 61
Einmischen 77
Einzelkind 11ff.
Eltern als Schlichter 74ff.
Experimentierfreude 59

Familie (Begriff) 6
Familienkonferenz 27
Familienkonstellationen 28
Familienplanung 18f.
Freunde 14
Friedfertigkeit 68f.

Geschwisterkonstellationen,
    neue 26
Geschwisterliebe 42f., 46
Geschwisterreihe 35
Geschwistersolidarität 13

Geschwisterverhältnis 38f.
Gewaltlosigkeit 68
Grundregeln beim Streiten 69

Handgreiflichkeiten, kleine 73

Identität, eigene von
    Zwillingen 31

Kinderkitsch 56f.
Kinderwunsch 19f.
Kindheitserfahrungen mit
    Geschwistern 44
Konflikte 8
Kreativität, kindliche 59
Krisen in der Partnerschaft 17
Kuscheltiere 61

Lachen, gemeinsames 9
Langeweile im Auto 93f.
Leitbilder 7
Lieblingspuppen 61

Mittelstes Kind 46ff.
Mütter, alleinerziehende 24
Mutterliebe, Kampf um 75
Mutterwechsel 25

Nichtbeachtung 49
Partner, neue 24f.
Patchworkfamilien 22ff.
Prinzipien 11
Pubertät 25

Reibungsflächen, gemeinsame 71
Rollendefinitionen 71
Rollenfestschreibung 88f.

Schimpfen 72f.
Schwankungen in der
    Zuneigung 78ff.
Schwarzes Schaf 86ff.
Selbstbehauptung 71
Selbstwertgefühl des
    Ältesten 37
Sexualität 19
Sonntagsvater 23
Spielgefährten 58
Spielpartner, erwachsene 58
Spielzeug 54ff.
Stabilität, innere 50
Stärken eines Kindes 83
Stiefeltern 22f.
Streit 63f., 67, 69

Überfluß an Spielzeug 54
Ungleichheit, unkreative 80
Urlaub mit Kindern 90ff.

Vaterwechsel 25
Verhalten, sprachliches bei
    Älteren 37
Vermeiden von Vergleichen 81ff.
Versöhnung 64f.
Verständigungsmöglichkeiten von
    Zwillingen 30

Wortgefecht, wohltemperiertes 73

Zimmer, eigenes 51ff.
Zuneigung 42
Zuwendung, gewohnte 26
Zweites Kind 16ff.
Zweitvater 23
Zwillinge 29ff.